希望下一次哭，
是因為太幸福

沈一只　著

高寶書版集團

目　錄
Contents

CHAPTER 01
心動只是導火線，心定才是愛情的開始

01 戀愛後沒有距離感的異性朋友，不是親密，是越界　　010

02 選擇另一半時，三觀和性格真的很重要嗎？　　015

03 心動只是導火線，心定才是愛情的開始　　020

04 我的愛，從來不和差點意思的人周旋　　025

05 珍惜每一份熱情，不討好任何的冷漠　　030

06 愛是需要累積的，不愛也是　　035

07 我介意的不是你的過去，而是你的過去還沒有過去　　040

08 這世上只有和好，沒有如初　　045

09 變心是一種本能，但忠誠是一種選擇　　051

10 和最愛的人說最狠的話，和陌生人說心裡話　　055

11 分享欲的喪失，是散場的開始　　061

12 愛情有斷才有續，有捨才有得，有離才有合　　066

目　錄
Contents

CHAPTER 02
我永遠有病，你永遠有藥

13 我永遠有病，你永遠有藥　　　　　　　　　　074

14 哪怕輸，也比不做要強　　　　　　　　　　　079

15 純粹的愛情是明知不可為而為之的篤定　　　　084

16 人總是容易愛上那些不願意認真愛自己的人　　089

17 在愛裡拚盡全力，可比躊躇觀望的人更有種　　094

18 我不想成為你青春裡的那個人，

　　　只想做和你白頭到老的人　　　　　　　　098

19 這也許不是我最好的選擇，但這是我的選擇　　103

20 大方地表達愛意，沒什麼好丟人的　　　　　　108

21 愛你這件事，我永遠保有最大的熱情和真誠　　114

22 正是到了難以心動的年紀，心動才顯得尤為可貴　119

23 我從未期待過婚姻，直到你來　　　　　　　　123

CHAPTER 03
我盡力喜歡過，但聚散不由我

24 小時候詞不達意，長大後言不由衷　　　　　130

25 縱使結局不如意，遇見即是上上籤　　　　　134

26 我盡力喜歡過，但聚散不由我　　　　　　　139

27 所有大張旗鼓的離開都是試探，

　　真正的離開都悄無聲息　　　　　　　　　144

28 你別後退了，我不往前就是了　　　　　　　150

29 或許換個時間，我們真的適合　　　　　　　154

30 愛意隨風起，風止意難平　　　　　　　　　158

31 你在計劃著未來，他卻已謀劃著離開　　　　162

32 「我沒事」這句話掩蓋了所有，也道出了所有　167

33 未成定局的事，就不要弄得人盡皆知了　　　172

34 不是所有的感情一定有結果，但一定有意義　176

35 懂事太累，成本太貴　　　　　　　　　　　181

目　錄
Contents

CHAPTER 04
愛你總有辦法，不愛都是理由

36 他不是不想談戀愛，只是不想和你談戀愛　　　188

37 愛你總有辦法，不愛都是理由　　　192

38 愛情有演技，你得有眼睛　　　198

39 愛情可以衝動，但絕對不能盲目　　　203

40 不是沒你不行，而是有你更好　　　208

41 有心者不用教，無心者教不會　　　212

42 有人選擇歇斯底里，有人選擇沉默不語　　　216

43 他不會因為你委曲求全就加倍珍惜　　　221

44 愛你的人生怕給得不夠，不愛的人總嫌你要求太多　　　227

45 一張愛你的嘴，一百個不愛你的細節　　　232

46 愛應該是寵愛，是偏愛，是首選，是例外　　　238

CHAPTER 05
愛自己，是終身浪漫的開始

47 願你成為自己的太陽，無須憑藉誰的光芒　　　244

48 就算全世界都不喜歡你，你也是唯一的你　　　249

49 我怕我配不上自己所受的苦難　　　254

50 沒有回音的山谷，不值得縱身一躍　　　259

51 愛自己，是終身浪漫的開始　　　264

52 我曾對你心動過，但是趕路要緊　　　269

53 大步往前走，不要回頭看　　　274

54 一個人挺好，沒有失望，沒有辜負　　　278

55 愛者鬱鬱寡歡，不愛者逍遙自在　　　283

56 一扇不願為你開的門，一直不停敲是不禮貌的　　　287

57 不耗著別人，也是對感情的一種尊重　　　292

58 我會用絕對的理智壓制這場要命的喜歡　　　296

59 傷害沒有讓我變得更完美，但讓我變得更完整　　　300

後記　　　303

CHAPTER 01

心動只是導火線，
心定才是愛情的開始

世上最奢侈的人，是肯花時間陪伴你的人。誰的時間都有價值，把時間分給了你，就等於把自己的世界分給了你。如果一個人願意把時間花在你身上，不用懷疑，他一定很在乎你。

01

戀愛後沒有距離感的異性朋友，
不是親密，是越界

「今晚出來聚一聚嗎？好久沒見了。」

「現在不行了，我有女朋友了，今晚要陪她。」

🜄

以普通朋友之名，行男女朋友之事

老生常談的話題：「男女之間真的有純友誼嗎？」很多人說，如果一對男女之間存在純友誼，必定有一方圖謀不軌，而另一方揣著明白裝糊塗。

生活中從來不乏這種所謂的「純友誼」關係，所以掌握分寸、擁有距離感就顯得極為重要。在一段感情中，如果被一些沒有距離感的異性朋友插足，那簡直是致命的問題。戀愛前，和自己的朋友（無論男女）打打鬧鬧很正常，但是戀愛後，這個分寸就需要仔細衡量，不要輕易逾

越，以防這段感情因為異性朋友而產生嫌隙。

其實，大家介意的從來都不是「是不是純友誼」這件事，而是打著異性朋友的幌子卻做著男女朋友才能做的事，比如聚會「蹭車」接送、生病及時「送暖」，甚至分享生活中大大小小的瑣碎事情，所做的事情與情侶無異。

似乎彼此都沒有跨越那條界線，但是彼此都明白，在某時某刻，一定有過搖擺和心動，有過猶豫和掙扎。

我一直認為，一個人是沒有辦法與喜歡的人做朋友的，更沒有辦法與不喜歡的人很親密，這是人的本能反應。真的喜歡一個人，那種喜歡會從眼睛裡溢出來，會從一舉一動中透出來。真的不喜歡一個人，笑意從來不達眼底，身體會條件反射地排斥、避讓。友情、親情和愛情之間往往一線之隔，兩個沒有距離感的異性相處很容易模糊掉愛人和好朋友之間的界限，甚至打著友情的名義曖昧不清。

小魚剛和男朋友在一起時，男朋友就主動坦白，他有

一個相處了十年的青梅竹馬鄰居，女生，他從小當妹妹看待，所以聯絡頻繁了些，不過現在分隔兩地。男朋友對小魚很好，所以小魚知道這件事後也沒太在意。

可是慢慢地，小魚發現男朋友與對方的聯絡不只是他說的「頻繁了些」，而是太頻繁了。男友會在為小魚準備禮物的時候也為青梅竹馬準備一份；會每天和青梅竹馬分享日常，包括他和小魚的戀愛日常；甚至會特地去青梅竹馬所在的城市找她⋯⋯男友和青梅竹馬的親密讓小魚很介意，於是就和男友提了幾次，請兩人保持一些距離。但是，每次男友都會無所謂地說：「她就是我妹妹，我們之間怎麼會有其他的感情呢？」

青梅竹馬來小魚他們這裡旅遊，小魚和男友一起接待了她。三個人同行，男友和青梅竹馬勾肩搭背地笑鬧，逛街、吃飯、看電影都盡量遷就青梅竹馬的喜好，相比下來，一路上小魚更像那個「電燈泡」，雖然青梅竹馬一直在說：「你別介意，我們都這樣鬧了十幾年了，一下子改不過來。」

青梅竹馬離開後，小魚果斷地向男友提出了分手，結束了這場三個人的戀愛。

喜歡一個人，會想成為對方愛情世界裡獨一無二的存在。想自己的稱呼在對方的通訊錄裡最顯親暱，想在睡前醒後都能第一時間收到對方的問候，想對方要分享事情的時候第一個就能想到自己。

在愛情裡，我們需要的是做對方心裡的唯一，不可能讓他再為另一個人留下位置。

保持界限感，才能保持長久的友誼

保持和其他異性的距離感和分寸感，是成熟愛情的標誌。異性朋友之間的關係再好，也一定要有界限感。

有些事，只能在愛情中發生，不該在其他感情中發生。

我們戀愛時，勢必要為這段感情和另一半負責，任何讓另一半感到不安的異性社交都該避免。跟異性社交時，你即便可以做到問心無愧、毫不越界，卻左右不了別人的想法和行為，如果不能主動把握好分寸感，那麼很可能傷害到自己真正愛的人。

所以，有了另一半後，首先要杜絕和異性之間的肢體接觸，比如勾肩搭背、打打鬧鬧，這是最容易讓另一半產生不安和不適感的形式。其次，盡量不要和異性朋友單獨見面，就算見也要帶著另一半，三個人可以一起聊聊共同感興趣的話題，讓另一半有參與感。最後，減少不必要的聯絡，這是踏入一段感情時必須要做的割捨，也是對另一半最起碼的尊重。

　　這不是矯情，不是小氣，更不是無理取鬧。戀愛後的人，一定會因為在乎對方的感受而去適當調整跟所有朋友的相處模式，而且我也相信，真正的朋友會理解你，會自動退到一個安全的距離。

02

選擇另一半時，三觀和性格真的很重要嗎？

什麼是三觀不同：你敬畏天理，他崇拜權威，這是世界觀
不同；你站在良知一邊，他站在贏者一邊，這是價值觀不
同；你努力是為了理想的生活，他努力是為了做人上人，
這是人生觀不同。

三觀和性格不要混為一談

我被很多人問過這樣一個問題：「戀愛結婚，三觀一
致、性格契合就那麼重要嗎？」

回答這個問題之前，我們先來說說性格和三觀這兩個
概念。我覺得兩者不能混為一談。

我們通常所說的「三觀」，一般是指世界觀、人生
觀、價值觀。簡單來說，就是這個人是怎麼看待這個世界
的，是怎麼看待他的人生的，是怎麼看待自己以及他人的。

而性格，借用《辭海》的解釋：性格是指人的態度和行為方面較穩定的心理特徵，如寡斷、剛強、懦弱等，在社會實踐活動中逐漸形成和發展。白話來講就是對一個人是活潑開朗或內向敏感的判斷。這樣的判斷雖然比較片面，但很普遍且容易理解。

　　我認為兩個人的性格無論相似還是互補，只要契合，都有在一起的可能：性格相似，就會有許多共同話題，面對問題時想法和行為會比較一致，產生矛盾的機率就小；性格互補，對於自己所不具備的特性，一般人會抱持渴望羨慕的心態，很容易因為互相吸引從而在一起。

　　但如果兩個人三觀不同，那能夠在一起的機率基本上為零。

　　毛姆在《月亮與六便士》中寫道：「什麼是三觀不同：你敬畏天理，他崇拜權威，這是世界觀不同；你站在良知一邊，他站在贏者一邊，這是價值觀不同；你努力是為了理想的生活，他努力是為了做人上人，這是人生觀不同。」

一個人的性格有可能因為世事而改變，但已經建立的三觀極難改變。

　　所以，我個人覺得，在選擇另一半的時候，首先要考慮兩人三觀是否相合，在此基礎上，再考慮性格的契合度才最適合。

三觀和性格在愛情中真的很重要

　　我之前談過一段時間很長的戀愛，結束的原因也很無奈，就是因為三觀不一致，性格有衝突。

　　大學時候，在別人眼裡，我們是天造地設的一對，沒有人比我們更合拍。

　　直到畢業後步入社會，我們才發現兩個人對未來的發展方向和期許是完全不一樣的。我性格比較積極，認為實現自我價值最重要，覺得人生在世總要努力奮鬥才能活出自我；但是他性格就很佛系，覺得在經濟條件可以的情況下沒必要再折騰，安穩地生活比較重要。

　　我只能說，誰的想法都沒有錯。只是我們兩個人從小的生活環境和一路走來的經歷不一樣，因此建立的三觀、

養成的性格才會產生如此大的差異，直接導致在未來規劃上產生分歧。

　　他從小家境殷實，無論做什麼事都很有底氣。他的家庭讓他篤定不需要很努力也不會過得太差。但是我恰好相反，我從小就知道，我不努力奮鬥的話沒有人可以幫我，我必須要跑得比別人快很多，才有可能得到別人很容易就能得到的機會。

　　最後，我們分手不是因為第三者，不是因為財富實力，也不是因為能力問題，而是因為三觀不合，性格相左。

　　因此，我覺得三觀和性格在愛情中真的很重要。

　　經常看到一句話：「你不知道我經歷了什麼、吃了多少苦，才能有資格和你坐在這裡喝一杯咖啡。」

　　一個人的行事風格是由他成長環境中的每一件小事堆砌起來的。毫不客氣地說，一個從小家境優越、接受良好教育的人，很難和那些費盡力氣、耗盡心思從艱難困苦中掙扎出來的人產生共鳴。

　　仔細想想，大多數人一輩子都只是在自己的圈層裡力爭上游而已。所以能夠選擇和你在一起的人，一定是與你

能同頻共振、產生共鳴的人。因為頻率不同的兩個人，就像播放中的收音機，只要頻道錯位就永遠無法傾聽到對方的心聲，即使朝夕相處，也終究不能心歸一處。

二十一世紀了，不會還有人做著影視劇中那種「王子」愛上「灰姑娘」的白日夢吧？快醒醒，你不會真以為「王子」會蠢到放棄智慧超常、能力優秀的「公主」而選擇能力平庸、聖母心氾濫的「傻白甜」吧？

醜小鴨之所以能變成白天鵝，並不是因為牠有多努力，而是因為牠本身就是白天鵝的孩子啊。

03

心動只是導火線，心定才是愛情的開始

曾經以為愛情裡最離不開的是玫瑰，現在才懂得默默陪伴
勝過萬千朵玫瑰。

◖

喜歡是心動，而愛是心定

　　什麼是喜歡？是第一眼的心動。對方開心你也跟著開
心，對方難過你也隨著難過，對方的一舉一動、一言一行
都牽引著你的心緒。喜歡總是帶著青澀和懵懂，帶著不自
覺的躲閃和討好意味，讓人學會小心翼翼地收斂自己的缺
點。

　　什麼是愛？是點滴喜歡沉澱後的心定。對方開心你與
有榮焉，對方難過你異常心疼，對方的一舉一動、一言一
行都是你心之所向。愛總是深沉的樣子，帶著滿滿的安全
感，讓人不自覺暴露缺點後依然能感受到沉穩安定。

有人說過：「喜歡是放肆，而愛是克制。」心動的喜歡雖然熱烈但很脆弱，而心定的愛卻能讓人變得勇敢且堅定。所以，我覺得心動是一場戀愛的開始，而心定才是一段愛情的開始。

　　閨密小魚結婚三年，漸漸開始不在老公面前注意自己的形象。我勸她多注意一下，畢竟結婚時間不長，且她老公身邊有許多年輕漂亮的女人圍繞。但是小魚不聽，依然我行我素。

　　看到她這樣，我有點恨鐵不成鋼，私下問小魚：「你難道一點危機感也沒有嗎？你不覺得這樣會慢慢配不上對方嗎？」

　　小魚笑了笑說：「配不配得上關鍵看他。若是他想留，自然誰也搶不走；若是他想走，我也留不住。」

　　聽她說完後，我不知道該為她的盲目自信喝彩，還是為她的灑脫感到服氣。直到後來的一次偶然，我總算明白她為什麼這麼有底氣了。

　　那天晚上，我在飯店和朋友吃飯的時候，正好看到小魚的老公被一個漂亮的女人窮追猛打的場景。我當時覺得

有些糟糕，因為這個女人不僅外表光鮮亮麗，言語行動也夠大膽開放，且看周圍人的反應，她的人緣應該不錯。還沒等我有下一步行動，小魚的老公接下來的行為和話語令我記憶猶新。

他先是撐開一條胳膊，與女子保持了安全距離，然後禮貌地微笑著說：「很抱歉，謝謝你的喜歡，但是我已經結婚了，而且非常愛我的妻子。也許她沒有你漂亮，也不像你一樣有能力，但她在我心裡是最美最優秀的，以前是，現在是，將來也會是。」

他拒絕得毫不含糊，體面又直白。那時我才明白，小魚為什麼會對自己如此自信，又對老公如此放心。她不是不怕，而是男人早就給了她足夠的安全感。

遇到對自己心動的人，是幸運；遇到對自己心定的人，是幸福。心動的愛情可能只是短暫的一陣子，但心定的愛情則是漫長的一輩子。

陪伴是最長情的告白

作家蘇芩曾說過：「世上最奢侈的人，是肯花時間陪伴你的人。誰的時間都有價值，把時間分給了你，就等於把自己的世界分給了你。」如果一個人願意把時間花在你身上，不用懷疑，他一定很在乎你。

愛情中的新鮮感是有時限的，就像放肆的喜歡終會褪盡熱情，歸於平淡。至於沉澱下來的是沙礫還是沙金，要看這段感情是否經得起考驗。愛情只有經歷過時間的考驗，才可能長長久久。

愛情說來也很簡單，不過是她一路跌跌撞撞地前行，你一路磕磕絆絆地陪伴，直到終點雙方都沒有離開。

不知道是因為年紀問題還是經歷過風雨，常常會被這樣的情景而感動：兩位互相攙扶的老人在路上慢慢前行，花白的頭髮和佝僂的身軀展示著時間在他們身上留下的痕跡。偶爾老太太或老爺爺還會小孩子似地拌幾句嘴，或者嘟囔著一些瑣事。

每次看到這樣的情景，即使身處寒冬，我也彷彿看到了春光蕩漾。我覺得當時我的眼睛裡肯定盈滿了羨慕，羨慕他們一起走過了幾十年的時光，見證了春夏的明媚、秋冬的蕭瑟，而那個能夠陪伴一生的人，最終還留在身邊。

　　突然就想到詩人舒婷在〈致橡樹〉裡寫的話：「我們分擔寒潮、風雷、霹靂，我們共用霧靄、流嵐、虹霓。彷彿永遠分離，卻又終身相依。」

　　一直互相陪伴的愛情才是最讓人羨慕的愛情。我們這輩子會喜歡很多人，但只有遇到讓自己願意安定下來的那個人時，才能算真正學會了愛一個人。

　　讓我們心動的可以不只一個人，但能讓我們心定的，就只有一個人。遇見你之前，我沒想過結婚；遇見你之後，我沒想過別人。

04
我的愛，從來不和差點意思的人周旋

我們領教了世界是何等凶頑，同時又得知世界可以變得溫
存和美好，而這所有溫存和美好的來源，都是因為你有一
個可以隨意去打擾的人。

我熱愛武術，但我不喜歡在愛情裡打太極

　　在感情這件事上，總會有人跟你講很多道理，比如愛
情講究的是勢均力敵，不要總是一廂情願地付出。可是感
情有時候並不遵循「當局者迷，旁觀者清」的道理，你不
深陷其中，永遠不會明白你能愛多深，也體會不到放手有
多難。

　　很多人喜歡並渴望的愛情，應當是那種堅定的、直接
的、熾烈的感情，能讓自己感受到百分之百的安全和毫無
理由的偏愛，能讓自己在疲憊的工作之餘得到治癒，讓自

己想到對方便覺得什麼辛苦都可以忍受，而不是想到這份感情就感覺到壓力。生活的擔子已經足夠沉重，大家實在沒有精力再在一段感情中耗費太多心血，時間如此寶貴，如果對方值得，那就在一起；如果不值得，那就好聚好散。

雖然我很熱愛傳統武術，但是我實在不喜歡在愛情裡打太極。在感情裡不打太極是對這份感情最起碼的尊重，讓人絞盡腦汁去猜、去想的那種人，不值得你為他付出太多。

現在的年輕人，沒有人喜歡花費大量的時間去思考一個人到底喜不喜歡自己，這種焦慮、患得患失的情緒，其實從一開始就讓這段感情有了崩塌的機會。

有人會問，一開始的時候你怎麼判斷這個人適不適合你呢？或許他只是在等待一個最好的告白時機？沒錯，可能我無法判斷這段感情的好壞，也無法一下子判斷這個人到底適不適合我，但是最起碼我可以判斷我喜不喜歡這樣的自己。

我覺得一段好的感情是不需要靠猜的，直來直往才真誠，合理溝通才是愛！大家相遇、認識、相處、發展，是

為了攜手前行，為了讓彼此變得更優秀，為了讓人能夠更加積極樂觀地面對生活，而不是變得患得患失、焦慮不安。

很多人說愛情是需要一點心機來維持的，甚至推出了「愛情三十六計」，什麼以退為進、欲拒還迎、圍魏救趙，等等，當然一切的目的都是為了抓住對方的心，讓對方時刻為自己牽腸掛肚。

對於這些行為，我的看法是：可以，但沒必要。凡是需要你耍心思、用心機的感情，只能說明還差點意思。把大把時間和精力放在這種形式的感情上，那大可不必。這種差點意思的愛，不要也罷。

在感情中有一個很重要的東西叫「安全感」，如果在一段感情中，你開始患得患失，每天擔心他還像不像從前那樣愛你，他的心裡眼裡是不是只有你，那這段感情已經變質，已經從原來的甜蜜變成了一種負擔。

相信我，真正愛你的人是不會忍心讓你陷入這種自我懷疑的情緒中的，再粗心大意的人，也會心思細膩地察覺到你的不安，在你發問之前便會想辦法解決；如果他始終沒有行動，那說明他對你的愛終究差點意思。

主動提供對方滿滿的安全感，這才是一段健康、穩定的感情應該有的樣子。

與其吸引一棵樹的注意，不如吸引整片樹林的目光

　　人生不是只有愛情這一件事。談戀愛只是為了在人生的旅途中能有人結伴而行，讓人生這條路變得更快樂、更有意思。但如果將愛情這件事看得過重，整天嘮叨「他到底有多愛我」，時刻想著「怎麼讓他更愛我」，那就得不償失了。做人過剛易折，凡事過猶不及的道理大家都懂。

　　時間如此寶貴，精力如此有限，生活的壓力、家庭的瑣碎、工作的煩惱、不得不進行的社交等，已經消耗了我們太多的時間與精力，我們渴望的是在感情中獲得充電和滿足，是可以卸下偽裝做自己的放鬆，是在完成了一天的工作後，回到家有一個隨時為我打開的懷抱，能幫我抵擋門外的一切風雨，而不是那些猜來猜去的無聊把戲。

　　一段良好的關係是不需要猜來猜去的，更不需要靠耍小心機、小聰明來維持，可以有情趣，但不能有猜忌。兩

個相愛的人在一起，開始一段不能將就的感情，最重要的就是通曉彼此的心思，所有想法都會第一時間告訴彼此，雙方永遠都是彼此世界裡的「第一選擇」。

所以，與其花費心思去猜對方有多愛你，怎樣才能讓他更愛你，不如花時間、精力投資自己來獲得更多人的喜歡。

你要始終相信，喜歡自己比喜歡世界更加重要，努力讓自己發光，對的人才能迎光而來。

05

珍惜每一份熱情，不討好任何的冷漠

每個人能付出的愛都是有限的，愛的時候不虧欠每一份熱
情，我全心全意對待；不愛的時候不討好任何的冷漠，隨
時準備離開。

🌢

只有心無所恃，才能隨遇而安

忘記從哪裡看到過一個說法：我們好多人都長了一顆
《紅樓夢》的心，卻生活在《水滸傳》的世界裡，想交些
《三國演義》中肝膽相照的朋友，卻總是遇到《西遊記》
中那些妖魔鬼怪。

仔細想想，居然說得很有道理。從小到大我們與無數
人相遇相識，也曾抱著一顆真誠的心勇往直前，卻在見識
了不少「牛鬼蛇神」後懂得了適時退卻，學會了掌握分
寸。因為無能為力，所以有時候只能順其自然。

愛上一個人，會從高傲變得卑微。一舉一動、一言一行都會變得小心翼翼、如履薄冰。遇到一些性格忽冷忽熱、情緒時好時壞的人，更是讓人無所適從，即使產生感情，也只會讓人感到不安定。可是，如果對方真的愛你，他肯定會主動將這份卑微慢慢扳平，把不安漸漸撫平。如果一段感情讓你只能處在下風才能繼續，那這段感情從一開始就不對等。即使你費盡心思去取悅對方，他最終也不會與你並行。

　　真的愛你的人，真正適合的人，從來都不需要你費心思刻意地討好，因為他們喜歡的、欣賞的從來都是你真實、驕傲的樣子，而不是你虛假、討好的樣子。

　　所以，真正堅固的感情，根本用不著「欲擒故縱」、「瞞天過海」等三十六計輪番上演，不過是你懷著熱情而來，我敞開懷抱迎接；你以冷漠對待，我也隨時準備著離開。愛情中最忌諱的就是愛一個人愛到失去自我，最要不得、最沒意義的就是自我感動，因為它們不能證明你有多專一，卻能證明你有多軟弱。

　　無論是在感情中還是生活中，無論對待友情還是愛

情，我們都要努力學會淬鍊《紅樓夢》的心，遵循《水滸傳》的生存法則，懂得爭取《三國演義》中肝膽相照的朋友，選擇性對待《西遊記》中的妖魔鬼怪。

希望你始終都能被世界溫柔以待，能夠用心對待每一個為我們付出同等真心、真正愛護我們的人，不辜負每一份來之不易的熱情，也不去刻意討好遷就任何的冷漠。

有所保留，才能讓愛情走得更遠

很多人長大以後學會的第一件事就是懂得有所保留。以前我一遇到投緣的人，無論男女，都會忍不住掏心掏肺地對待，會把自己所有的事情，好的壞的，全部交代得乾乾淨淨。我以為那叫真誠，從來沒想過那些會成為自己的軟肋，成為刺向自己最鋒利的匕首。後來吃虧吃多了我才明白，毫無保留不是真誠，是真傻。

都說學校是象牙塔，雖說沒有那麼絕對，但是與步入社會的未來相比，學生時期的友情、愛情總是更純粹動人一些。

上學時，每次分班都能結交不少新的朋友，當然，其中難免碰到喜歡的對象。那時的感情總是熱烈直白的，行動總是一往無前的，對朋友、對戀人，我們都會毫無保留地付出，崇尚「專注是獨屬於年輕人的浪漫」，我想，這也是很多人對學生時代的愛戀念念不忘的原因吧，那可能是這輩子唯一一段沒有任何利益摻雜的感情。

僅僅因為某一個黃昏，身披霞光的他無比好看，於是怦然心動。我喜歡你，僅僅是喜歡你這個人，與你的家世背景、文化學歷都不相關，我喜歡你，僅此而已。

離開學校成為真正的社會人後，漸漸懂得同事不等於朋友、愛情不等於一切的道理。成年人的世界不是交換祕密就能換得真誠，更不是付出真心就能獲得愛情。有時候毫無保留並不一定會換來對方同等的對待，反而會讓某些「妖魔鬼怪」乘虛而入，或者利用，或者傷害。

於是我們開始慢慢學會在與人交往的過程中隱藏自己，說話做事都有所保留，不再口不擇言，不再肆無忌憚。

甚至有時候我們必須放下驕傲，承認自己錯了，即使你自己背後偷偷定義這不是認輸，只是成長。

　　在社會這所學校中，我們學會行色匆匆地應付生活，戴著面具敷衍社交，有所保留地「半」真心相愛。不得不說，這樣確實避免了很多麻煩和傷害。感情容不下無所顧忌，學會成熟謹慎地對待一段感情，多一些思考與保留未嘗不是一件好事，這樣反而能夠走得更遠，愛得更久。

　　沒有傘的我們只能學會在雨中奔跑。如果你不能煉成保護自己的盔甲，就只能逼著自己強大。

06

愛是需要累積的，不愛也是

「怎麼能突然就不愛了？」
「不是突然不愛了，而是層層疊疊、密密麻麻的小事不停累積，讓你在某一天突然意識到已經不愛了。」

◊

一見鍾情和日久生情哪個更讓人心動？

有的人說一見鍾情能夠讓人感受到更強烈的浪漫，是一段感情的美好開端；有人認為，日久生情是對一個人全面了解和接納之後的必然，能讓一段感情更穩固地發展。

客觀來說，我覺得一見鍾情和日久生情並不衝突，它只能體現每個人對情感的認知和追求不同。很多人在情竇初開時都曾期待過一見鍾情，而成長後會慢慢傾向日久生情。其實，不管一見鍾情還是日久生情，只要感情是真摯

的，都值得用心經營。

　　主觀來講，我是一個不太相信一見鍾情的人，覺得沒有一定基礎的感情就像沒有地基的房子，經不起風雨，隨時都有坍塌的可能。所以我更相信循序漸進的感情，擁有堅實基礎、經過時間考驗的感情才更穩固長久。

　　作家錢鍾書和楊絳在陽春三月的那場一見鍾情和白頭到老的愛情，畢竟只是個例，有多少女生能不溺於錢鍾書的那句「我見到她之前，從未想到要結婚；我娶了她幾十年，從未後悔娶她，也未想過娶別的女人」？

　　文學家巴爾札克曾經說過：「天性是百發百中，萬無一失的，這種天性叫一見生情，而愛情方面的第一眼，就等於千里眼。」心理學上也有「首因效應」這一說法，指初次見面形成的第一印象往往決定了我們內心最直觀的感受和想法。這裡的第一印象主要包括裝扮、表情、儀態、氣質等方面。不可否認，第一印象十分重要，且這種印象會持續很久。所以，良好的第一印象是產生愛情的捷徑。

　　可是一見鍾情的隱患也來源於此，在你還不了解對方的性格、愛好、習慣的時候，單憑第一印象就先入為主地

心動，就像沒有地基的空中樓閣，容易倒塌。

沒有牢固基礎的感情，在越來越多的不適合暴露時，感情很容易就會消亡。因不了解而在一起的愛情，最終會因為了解而分開。

這也是我們見到很多源於一見鍾情的感情並不長久的原因。所以，我更傾向日久生情的愛情。我一直相信愛是需要累積的，它需要雙方深入地了解、不斷地磨合，去掉一見鍾情的濾鏡，把能吵的架吵完，該遇到的問題都解決掉，該嘗的酸甜苦辣都品嘗過，這樣一點一滴累積起來的愛情才是健康、牢固、穩健的，才是更值得我們追求的。

撐得過柴米油鹽的心動才叫愛情

最持久的愛不是乍見之歡，而是相處不厭。心動只需要一瞬間，相愛卻需要一輩子。

有時候也會疑惑，相愛時那般轟轟烈烈，怎麼就這麼容易不愛了呢？

《金粉世家》裡風流倜儻的貴公子金燕西，對清純可人的女學生冷清秋一見鍾情。為了追求冷清秋，金燕西投其所好，重金租下冷清秋家隔壁的院子組建詩社，大手筆贈送百合花，向日葵地製造浪漫，設計從天而降的橫幅表白……兩個人在自願遷就和極致熱情下在一起了。然而，儘管兩人有過如此多甜蜜的時刻，最終還是逃不過生活細枝末節的考驗。

　　他們因為生活方式的不同數次爭吵，因為工作愛好而互不理解，因為人際交往而互相猜疑、互相冷落……原來的情深幾許被生活的瑣碎慢慢消磨，終成陌路。從相愛走到反目，從浪漫甜蜜到一地雞毛，不過幾年時間。

　　最後，冷清秋抱著孩子遠走他鄉，與金燕西乘坐的火車背馳而行。這一幕成了多少人心中的意難平：愛得熾烈如火的兩個人，怎麼就走到了這個地步？

　　在愛情中，或許你也有過同樣的困惑：明明一開始感情濃烈，怎麼就不知不覺開始消磨，開始頻繁爭吵？看似相配的愛情，為什麼私下卻有數不清的委屈和忍耐？最初的靈魂伴侶，為什麼會隨著時間失去默契，覺得對方越來

越不懂自己⋯⋯

　　我只能說，愛是一點一滴地累積而成，不愛，也是一點一滴地堆砌而就。每段相愛都會在熱烈過後歸於平淡，而這時候才是愛情經受考驗的開始。

　　動人的情話誰都會說，漂亮的禮物誰都能送，真正難以做到的，反而是在日復一日的柴米油鹽裡，用一些細碎的舉動來表達愛情。

　　拋開熱戀時的花前月下細品茶，歸於平淡的柴米油鹽話桑麻，撐得過數十年這樣平淡的生活，你的心動才算愛情。

　　所以，只有經歷了柴米油鹽的心動，才是真正的愛情，才有可能相伴一生。

07

我介意的不是你的過去，
而是你的過去還沒有過去

沒用的東西，再便宜也不要買；不愛的人，再寂寞也不要
依賴。

前任已過，再無瓜葛

前段時間某平台在上海舉辦電影奇遇夜，其中有部系
列電影的宣傳迎來不小的熱度，那就是《前任4：英年早
婚》。從這波熱度不難看出，「前任」的話題永不過時。
網路上關於「前任」的話題也層出不窮，最有名的應該是
傅首爾[1]的一句話：「每一個合格的前任，都應該像『死』
了一樣。」

這句話看似玩笑，卻也現實，很殘忍，又很中肯。

1　辯論節目《奇葩說》第7季總冠軍辯手。

許多人說，相愛這件事是神聖的，在我看來，分手這件事同等重要。

每一次分手，都不應該是一氣之下做出的選擇，而應該是深思熟慮之後做出的決定。

這件事從頭到尾都是兩個人之間的事，不應該再牽扯第三個人，尤其是無關更無辜的人。

「前任一哭，現任必輸。」這句話曾經在網路風靡一時，它之所以被稱為「神預言」，是因為戳中了無數人的心事。

朋友果子和男朋友阿宏戀愛兩年，終於決定結婚。他倆請雙方的好朋友一起吃飯宣布這個好消息。正當大家把酒言歡的時候，阿宏的前女友突然不請自來。阿宏的兄弟們都認識她，見到突然出現的她顯然也是嚇了一跳。氣氛一時間很尷尬，大家都看向果子。

果子當然也知道她，出於禮貌，還是讓她坐下來了：「既然來了，一起吃個飯吧。」

前女友端起酒杯祝福男生：「祝你新婚快樂。」接著一飲而盡。

之後的飯局氣氛明顯不如之前輕鬆。因為前女友真是肉眼可見的欲哭不哭，頻頻看向阿宏。

別人什麼感覺我不知道，作為果子的朋友，我是蠻氣憤的。這簡直是在赤裸裸地打果子的臉啊。

前女友最終提前離開了，阿宏隨後找了個藉口出去送她。果子愣了一下，也推門走出去。沒過一會兒，她就眼眶紅紅地回來了。她拿起包包和外套，叫上我們幾個好友，直接離開。

我們在離開途中，看到了追過來的阿宏。他拉著果子的手臂說：「我們真的沒什麼了，就是看她哭得太可憐。我們就要結婚了，你相信我。」果子盯著阿宏好一會兒，直接問：「你愛我嗎？」

男生眼神瞬間猶豫，頓了頓說出來一句牛頭不對馬嘴的話：「我爸媽蠻喜歡你的。」

果子瞬間甩開阿宏的手，轉身走了。

後來我們才知道，果子在出門後不遠的轉角處，看到了阿宏和哭著的前女友擁抱在一起的畫面。

前任是抓不住的沙，不如揚了它

我很喜歡《斷捨離》裡面的一句話：「對於無能為力的事，當斷；生命中無緣的人，當捨；心中的煩鬱執念，當離。」

在我看來，前任就是那個無緣之人，所以我們要有「當捨」的態度。既然已經選擇分手，那關於前任的一切，或好或壞，都應該塵封起來，不回想，不眷念。只有這樣，我們才能更快更好地積聚勇氣、重拾信心，繼續向前，繼續去愛。

緊握在手中的碎玻璃雖已刺入血肉，也必須忍痛拔出。不能僅僅因為曾經握緊過，就不顧它扎進肉裡流出來的血。

有句話說得好：「他是舊人，而我不念舊。」這才是對待前任應有的態度，在愛裡念舊可不算什麼美德。

每個人都有屬於自己的過去，在遇到真正對的那個人

之前，肯定會有前一個人在陪伴。這是沒有辦法改變的事實，但它不應該成為之後感情的束縛。

　　我說過不介意你的過去，那是因為當時我沒來得及參與，即使遺憾，但於事無補，所以我會好好珍惜現在及未來與你的時光。可當你的過去依然沒有「過去」，或者說藕斷絲還連著時，我會非常介意。

　　你要相信，我們所遇到過的每一任前任，都是過往。凡是過往，皆為序章。

　　我們在感情中成長，對待感情越來越成熟，然後擁有更美好的愛情，這是我們與前任之間最大的溫柔和最後的告別。

08

這世上只有和好，沒有如初

「為什麼情侶分手復合的機率為百分之八十二，能走到最後的只有百分之三？」

「因為復合後很多人會重蹈覆轍，所以即使兩人能走到最後，也只能和好，不會如初。」

💧

愛情中的爭吵最怕翻舊帳

林徽因曾說：「人一旦有了隔閡，就真的走不近了。這個世上只有和好，沒有如初。舊帳重提是因為它從未被妥善解決過，熱情這東西耗盡了，就只剩下疲憊和冷漠，細節中崩潰，失望中放手。」

與關係再好的朋友生了嫌隙，感情尚且不能完全修復，愛情如此細膩脆弱的東西，一旦碎裂，再怎麼修補也不可能恢復如初。

以前總覺得，好的愛情應該是浪漫、夢幻、轟轟烈烈的；年歲漸長，才漸漸明白最值得羨慕的愛情是那種細水長流、久處不厭的模式。從激情戀愛到平淡相守，有時候更像是一場曠日持久的拉鋸戰，矛盾和衝突時有發生，考驗著我們對愛的理解、對未來的規劃、對生活的妥協程度。走過浪漫，又能撐過雞毛蒜皮、柴米油鹽的愛情才算修成正果。而在這個過程中，吵架是永遠避不開的話題。

　　最傷感情的吵架方式，莫過於不停爭對錯、不斷翻舊帳。沒有人喜歡自己過去的行為，尤其是不好的行為被人記住，還一遍遍被提起。揭人傷疤，本就不該，更何況你們還相愛。可是人在吵架時會習慣性被憤怒沖昏頭，即使前幾分鐘還在甜蜜互動，也能在下一分鐘把對方的老底揭個乾淨。吵一架後，你才知道原來自己竟然有那麼多地方令對方不滿意。

　　朋友阿文結婚三年，與妻子菜菜的日子一直過得幸福甜蜜。可是兩人在一次清理家中雜物時，阿文無意中翻出了菜菜的一個日記本，裡面記錄了菜菜和前男友不少瑣碎的事情，當然，也包括那時的浪漫和親密。

阿文對此非常生氣，倒也不是單純吃前男友的醋，是因為菜菜曾和他說自己沒有談過戀愛。現在看到這本日記後，阿文突然有一種上當受騙的感覺。

菜菜當場坦白並鄭重道了歉，阿文當時也選擇了原諒。但自此之後，兩人之間還是有了一些隔閡。雖然阿文一直很努力在克制自己，但是後來每次因為瑣事吵架，他還是會經常不自覺地把這件事翻出來說。更可怕的是，翻舊帳是會傳染的，菜菜慢慢也開始走上吵架翻舊帳的道路。所以每次兩人的爭吵都會演變成一場無硝煙的「戰爭」……

阿文也知道這樣吵架很傷感情，縱使和好，但吵架時翻的那些舊帳、放的那些狠話，永遠也收不回了，當時有多狠，傷害就有多深，但他真的控制不住又無可奈何。

有句話說「小吵怡情，大吵傷身」，誰都犯過錯，誰都有不想被人提起的難事。結痂的傷疤不再碰它才會慢慢痊癒；塵封的傷心事，別總是提起才會隨著時間慢慢消逝。所以，兩個人吵得再不可開交也不要總提過往，正如一首歌的歌詞：愛是原諒，不翻舊帳。

「和好」容易，「如初」太難

我從來不相信「破鏡」真能「重圓」。摔碎的鏡子修復後即使依然可以照出人影，但終究存在裂痕，不再是原來完好的鏡子，破鏡重圓之說本就是不科學的。所以在感情中，我也覺得分手後「和好」容易，但「如初」太難。

室友燕子性格灑脫，做事幹練。我向來覺得她這樣的人做什麼都乾脆俐落、事過無悔。但出乎我的意料，她在感情中居然也會有吃「回頭草」的一天。

燕子和男友相戀五年，在第三年的時候選擇了同居。兩人感情和諧的時候蜜裡調油，有矛盾的時候架也沒少吵。同居後兩人都漸漸暴露出很多以前忽略的問題，因此吵架頻率與日俱增，大到雙方家庭的問題，小到碗筷的擺放，都可以成為吵架的理由。

在又一次沒有結果的爭吵後，兩人決定分手，讓自己解脫，也放對方自由。愛的時候有多甜蜜、多熱烈，分手的時候就有多狼狽、多慘烈。

可能「距離產生美」是真的，分手後的兩人在時間的

沖刷下慢慢淡忘了當初的很多不愉快。也許是兩人在分手期間都沒有找到另外適合的人，也許是兩人本就放不下那段感情，所以他們又慢慢地重新在一起，身邊的朋友也都送上了祝福。可是，很快地，就當大家還在羨慕這段破鏡重圓的感情時，兩人卻再次分手。

燕子說，她以為兩人重新在一起後，都會更珍惜這段感情，但事實並非如此。在這段復合的感情中，雙方相處都變得小心翼翼，完全沒有以前的輕鬆自然，生怕踩到對方的雷區。

在兩人產生分歧的時候，總會有一方沉默不語，變相地逃避話題，因為看到過對方的冷漠和無法釋懷，很怕再重蹈覆轍。這種相處的狀態，兩人根本感覺不到原來的愛，只剩下尷尬。

他們終於明白，兩人再也回不到當初相愛的模樣。與其這樣，還不如各自安好。

我曾經看到過你愛我的細緻模樣，所以才知道你現在究竟有多敷衍。

你看，一段感情想要「和好」容易，但是想要「如初」，太難。

09

變心是一種本能，但忠誠是一種選擇

一輩子太長，每個人都有無數個心動瞬間，在不同的時間、地點，傾慕於不同的人，即使在擁有伴侶之後仍無法避免，不過是理智戰勝了衝動，責任稀釋了荷爾蒙。

變心是一種本能，防不勝防

我和朋友們曾熱烈地討論過一個話題：「擁有伴侶後再遇到心動的人，該怎麼辦？」出乎我的意料，大部分人居然選擇放棄前者，與後者在一起。而他們做出這種選擇的理由是，如果你足夠愛第一個人，那就不會出現為之心動的第二個人。

我覺得他們的理由有些強詞奪理。繪本《阿狸・永遠站》裡有句超經典的話：「我們的一生會遇到八百二十六萬三千五百六十三人，會打招呼的是三萬九千七百七十

八人，會和三千六百一十九人熟悉，會和兩百七十五人親近，但最終，都會失散在人海。」

所以，你永遠無法阻止起碼兩百七十五人的親近，而這些人中，肯定不乏好看的皮囊、有趣的靈魂，你怎麼保證自己在如此多的誘惑下不會第二次、第三次甚至更多次心動？所以，變心是一種本能，它根本不可控。

電視劇《三十而已》大受好評，其中許幻山和顧佳這對夫妻得到了大家最多的關注。在前期劇情中，許幻山經受住了誘惑，當他意識到自己跟公司員工林有有的關係快要不可控時，還是克制住了自己，明確拒絕，並直接刪除了對方的聯絡方式。這說明，當時他已經在變心的狀態下做了選擇：拒絕林有有，守護妻子和家庭。只可惜，這個拒絕太短暫，許幻山最後還是沒扛住誘惑，出軌林有有。

你說他不愛顧佳嗎？其實是愛的，即使在出軌後，他愛的人也還是顧佳。但為什麼在還愛的情況下，他依然出軌？

我認為這是人的新鮮感在作祟，每個人都有想了解新事物的好奇心，都渴望得到更多人的關注和崇拜，當然，

劇中的兩人還有別的原因，但總歸逃不過人們常說的那句話：「得不到的永遠在騷動，被偏愛的總有恃無恐。」

你看，變心就是一種本能，確實讓人防不勝防。

忠誠是選擇，是我對你的承諾

下面是我寫給我未來伴侶的一封信，這些話我想了好久，在心裡存了好久，很榮幸能借此機會訴諸筆端。

致我未來的伴侶：

這輩子，我會遇見許多人，但我選擇你作為我今生唯一的伴侶。這是我深思熟慮的結果，是我對你、對我們的承諾。我們生活在這個社會關係中，無論婚前婚後，社交活動都不可避免，需要與形形色色的人溝通、交流，在此過程中，我有可能遇到再次令我心動甚至是對我產生致命吸引力的人。我不能阻止這種情況發生，但我可以承諾絕不背叛。人有七情六欲，有些情況無可避免，但卻不能成為背叛彼此的理由。人類之所以是高等動物，就是因為知廉恥、懂禮儀，能夠控制欲望、遏制危險的想法。我的一

生，無論經歷多少次心動，但是我選擇只對你一人忠誠。無論今生有多少人從我的世界路過，你永遠是我唯一的選擇和認定。

作家周國平在微博上寫過一段話：「再好的婚姻也不能擔保既有的愛情永存，杜絕新的愛情發生的可能性。不過，這沒有什麼不好。世上沒有也不該有命定的姻緣。靠閉關自守而得的維持專一且長情的愛情未免可憐，唯有歷盡誘惑而不渝的愛情才富有生機，真正值得自豪。」

必須得承認，在這一生當中，我們會面臨各式各樣的誘惑，哪怕結了婚，也會遇到新的誘惑。

面對誘惑，閉關自守是行不通的，只有在經受誘惑的同時守好底線並堅持到底，才能收穫最好的愛情。

所以，不要再說什麼情不自禁，成年人做事情要考慮更多後果，關鍵的時候你得抑制衝動，懂得拒絕，清醒地做出選擇。不具備忠誠的品質，就不要去踐踏別人的感情和忠誠。

10

和最愛的人說最狠的話，和陌生人說心裡話

「你收拾東西幹嘛？一吵架就跑有意思嗎？」

「沒意思，所以這次走了我就不回來了。」

被偏愛的總是有恃無恐

　　不知道你有沒有讀過周長海寫的〈一碗餛飩〉，我這裡只講一下文章故事的梗概，有興趣的人可以上網搜尋一下原文。

　　故事講述一個女孩和媽媽大吵一架後跑出家門，經過長時間漫無目的地遊走，她來到了一位老婆婆的餛飩攤前。

　　她跑出來時還沒有吃晚飯，身上也沒帶一分錢。和藹的老婆婆看出女孩的窘迫，於是善解人意地請女孩吃了一碗餛飩。在吃餛飩的過程中，女孩向老婆婆訴說自己的不滿和委屈，並說很感激老婆婆，雖然素不相識，但卻肯做

餛飩給她吃。而自己的媽媽卻不能理解自己，和自己吵架後還把她趕出家門，讓她不要再回去。

老婆婆聽後沒有太大的反應，只是平靜地說：「你想想看，我只不過煮一碗餛飩給你吃，你就這麼感激我，那你自己的媽媽煮了十多年的飯給你吃，你怎麼不去感激她呢？你怎麼還要跟她吵架呢？」

是啊，為什麼我們總是對陌生人的小恩小惠感激不盡，卻對愛自己的人心懷怨恨呢？

人真的是一種矛盾又神奇的存在，總是習慣和最愛的人說最狠的話，卻能毫無芥蒂地對陌生人說心裡話。明明愛著，卻為什麼能惡語傷害？

我問了身邊許多朋友的想法，他們中有人說：「跟親近的人講，得不到回應或回覆會很失望，因為從開始就對他們抱著很高的期望。但和陌生人不會，因為從開始就沒有抱有期待，所以無論有沒有回應都不會失望。」

生活中我們大多數人都會畢恭畢敬地對待上司，和顏

悅色地關照下屬，肝膽相照地對待朋友。在外面即使心情再差，也能強行忍住，和和氣氣地跟所有人打交道。唯獨回到家裡，面對最親近的人的時候，我們卸下所有的偽裝，肆無忌憚地發脾氣、放狠話。我只能說，大家只是被慣壞了，被偏愛的總是有恃無恐。

既然還愛，就要學會互相坦白

為什麼我們吵架之後很少會進一步地溝通交流，反而更傾向於跟陌生人抱怨？

關於吵架的話題我說過不少次，它是感情中必不可少的調味料，有時候也是一種有效的溝通方式。畢竟我們不是聖人，誰都有情緒失控的時候。而情緒不好的一面，我們大多給了自己最愛的人和最愛自己的人。因為我們心裡清楚，即使再吵再鬧，對方也不會輕易離開。和陌生人說心裡話，是因為想找一個完全沒有「威脅」的宣洩口，不會擔心對方到處傳播，也不用太過在意對方的看法。

不知道你有沒有發現，兩個人剛開始戀愛的時候，心

裡話大都能坦白講出來，反而時間越長，心裡話就越難講出來了。所以，很多人在不吵架的時候是說不出心裡話的，只有在兩個人吵架時你一言我一語，反而會逼出對方憋在心裡的話。

兩日前，剛認識不久的同事小林又跑來找我吐槽她的男朋友，這已經是本月兩人第五次吵架了。按她的話講，她和男朋友的相處模式就是兩天一小吵，三天一大吵，似乎不吵架就感覺整個人都不舒服。其實兩人在剛剛開始談戀愛的時候還是很甜蜜的，畢竟有共同的愛好，「三觀」一致，所以從來不缺話題。

但不知道從什麼時候開始，兩人之間的分歧越來越多，且每次都公說公有理，婆說婆有理，互不相讓。這種情況在後來的相處中愈演愈烈，導致小林每次和男友在一起的時候，說不到幾句就會控制不住自己的情緒吵起來。

更糟糕的是，兩人吵架的時候完全不懂什麼叫適可而止，都是衝著對方的痛處下手，什麼狠話都說，什麼惡語都放，結果就是一個火冒三丈，另一個惱羞成怒，說不歡而散都是輕的。

小林說她根本不喜歡這種在戀愛時經常吵架的氛圍，畢竟兩個人在一起，是決定要長久地走下去的，希望能得個圓滿。她很清楚以現在這種狀態兩人很難長久。

　　說實話，我和小林認識不過一個月，並沒有熟悉到稱為朋友的程度，但她卻十分願意把我當成「國王的樹洞」。只要她和男朋友吵架了，就喜歡跑到我這裡吐苦水。

　　我很好奇，她為什麼願意分享這些給我這個不熟的人聽呢？後來她解釋說，她也需要找人傾訴，但找熟悉的人說又不好意思，且容易產生誤會和麻煩。而我不是她那個圈子裡的人，她說起來不用有所顧忌，比較痛快。

　　我又問她：「為什麼你寧願對我袒露自己真實的想法和感受，卻不把這些話說給男友聽呢？」

　　她思考了一下說：「我不知道怎麼開口！我很多次想坐下來和男友好好談談，攤開講講兩人之間存在的問題，可是每次說著說著就又無法控制自己了。但我根本不想吵架，我想我們都能適當地退一步，對對方多一點妥協和包容。我現在根本看不到我們的未來。」

　　我說：「你和陌生人都可以講心裡話了，為什麼對愛的

人卻開不了口呢？如果你想和男友的關係有所好轉，那肯定要把剛剛對我講的這番話告訴他，你要讓他知道你們之間問題的癥結，這樣他才能理解，然後你們才有機會共同去解決問題啊。」

　　這個世界上無論哪種愛，最終想要長久地維持只能依靠坦白和對等的愛。你能傷害的，往往都是最愛你的人。因為只有愛你的人才會給你傷害他的權利。

　　所以啊，嘗試著去跟愛的人說說心裡話吧，既然還愛，那就學會坦白，我衷心祝願你們都能給對方想要的未來。

11

分享欲的喪失，是散場的開始

有多少人的愛情，歡喜始於熱戀時的無話不說，失落始於散場時的無話可說？

🌢

看到街邊的一朵花，最先想到的是拍照傳給他

愛一個人的方式有很多種，但長久保持旺盛分享欲的愛一定是最普通又動人的一種。它不是說你每天向我報備自己的生活，而是一種你看到所有喜歡的東西時都能第一時間想到我的條件反射。這是一種自發且主動的行為，是我們在平淡的生活中把珍貴愛意表達出來的有效方式。

真正喜歡一個人，就會想和他分享自己生活中的點點滴滴。你會發現自己對他有說不完的話，身邊發生的所有事、遇到的所有人、看到的所有有趣的東西都會忍不住分享給他。即使分享的是街邊的一株草、一朵花，因為有了

可以分享的人，一切都變得有意思、有意義起來。你可以
觀察一下，身邊即使性格再內向、感情再慢熱的人，在喜
歡的人面前也會不自覺地開始活躍起來。

愛意不會隨著時間和新鮮感而流失，分享欲也是。愛
你的人，哪怕你說的都是廢話，他也會聽得一字不落；不
愛你的人，聽到你的聲音都會感覺深受荼毒。

相愛的人之間不可能永遠都有新的話題，但可以永遠
都有話題，比如遇到的人、吃到的美食、看到的風景、聽
到的音樂、對生活的不滿、對工作的吐槽、對未來的暢
想、對以前的回憶……正是這些瑣碎的日常才能呈現出我
們真誠的愛。

其實我知道，這些日常瑣碎不美好、不有趣也不讓人
心動，但就因為是與你分享，它們才充滿生命力。即使你
沒有及時回覆也沒關係，因為在分享給你的那一刻，我已
經感受到了世界的有趣和我愛你的意義。

愛意的流失，都是從失去分享欲開始的

如果兩個人相愛，分享欲一定是不可或缺的存在。但是，分享欲是要靠回應來延續的，有時候讓人開心的不是分享這件事，而是即使你講了一堆廢話但還會被認真傾聽、回覆的感覺。如果我一如從前興致勃勃地和你分享一個新奇的事物、一次有趣的經歷，你卻已經無法耐心傾聽、認真回應時，那我也會慢慢收起當時的心情，你慢慢無法理解我的喜怒哀樂，我漸漸無法觸摸你的悲歡離合，失望累積夠了，總有一方會選擇離開。所以，愛意的流失在一定程度上就是從分享欲的減少開始的。

曾有一個朋友凌晨找我哭訴，她和戀愛三年的男朋友分手了。下面是她的講述：

「剛在一起時，我們每天都有說不完的話，能從早聊到晚。他雖然工作很忙，但還是每天傳很多訊息給我，比如每天必有的『早安』和『晚安』、今天訂的外送、同事吐槽的趣事、滑到的有趣影片、下班路上遇到的小動物……我以前從沒發現世界如此有趣，收到訊息後，都會

傻笑著一一回覆。

「我也經常跟他分享我看到的有趣的東西，比如一朵沒見過的野花，或者吐槽一下午餐太鹹、工作太累……其實飯鹹了有什麼好說的呢，但那時的我們總覺得這就是值得一說的事。

「但不知道從什麼時候開始，他慢慢減少了和我分享日常的次數，甚至不再傳訊息給我，有時候我們的聊天更像是一種不得不進行的任務，從原來的事無鉅細簡化成『吃了』、『在忙』、『太累了，以後再說』這些再敷衍不過的回覆。

「直到我無意間看到他和另外一個女生的聊天紀錄，半年的時間中，兩人的聊天讓我想起了我們認識的最初。原來在那些我收不到訊息的日子裡，他那些對我閉口不言的情緒，早已換了一個人傾訴，也把對我的愛轉給了別人。那一刻我突然明白，現在讓我們繼續在一起的理由，已經不再是愛和期待，而是不得已和無奈。所以，我們平靜地分手了。」

原來一段感情，我們可以設想無數個開始，卻只能接受一種結局；我們可以粉飾開始，卻無法改變結局。

在戀愛中，分享欲包含了太多的熱情和愛意，見證了相愛的最佳模樣，也見證了不愛的敷衍狼狽。所以如果有幸遇到一個肯和你分享點滴瑣事的人，請盡量珍惜吧，那是他正在愛你的證據。

12
愛情有斷才有續，有捨才有得，有離才有合

在人生的路上，有一條路每個人非走不可，那就是年輕時候的彎路。不摔跟頭、不碰壁、不碰個頭破血流，怎能練出鋼筋鐵骨，怎能長大呢？

捨得捨得，有捨才有得

　　以前聽長輩說得最多的就是「不聽老人言，吃虧在眼前」、「我吃過的鹽比你吃過的米還多」等良言警句，可是我們長大後慢慢發現，雖然長輩講的人生經驗和道理非常正確，但只有我們親身經歷一番，把該吃的苦吃了，把該踩的坑踩了，才會感同身受地承認那些道理確實有用，再懷著當時長輩的心情去告誡後輩或下一代。就像雖然每個香菸盒上都寫著「吸菸有害健康」，但吸菸的人依然會選擇性忽視，直到因為吸菸發生一些不可逆轉的結果，才

會後悔不已地正視這個問題。

　　我一直很嚮往那些生活平安順遂、性格簡單快樂的人。大學時我曾經遇到一個女孩，從平時的言行舉止就能看出她從小是在家人的細心呵護中長大的，因此即使成年了，依舊有些不諳世事，很少看到她為什麼事發愁。面對一些難以抉擇的事，她也會習慣性地去詢問父母的意見。

　　她聽從父母的安排，留在了本地讀大學，畢業後也很順利地留在當地工作，是一個薪資不高但很穩定的職位。後來她戀愛、結婚、生子，一切都按部就班、平穩順遂。她的人生真的平穩又妥當，不用被迫淋雨，不用負重成長，只有簡單的幸福快樂。

　　我和她則是完全不同的兩種人，用朋友的話來說，我是一個很矛盾的人，雖然嚮往簡單，但又不想被束縛。我從小性格倔強、自尊心強，習慣任何事自己做決定，不會過分依賴父母，他們的意見我會參考，但最終決定權還是在我手裡。

　　後來上大學，我執意要去離家遠的地方看一看，獨自

過自己想像中的生活，以後在哪個城市工作，我也有自己的打算和安排。當然，我的「一意孤行」有時候讓自己吃盡了苦頭，只因我犯了一個人類的通病：道理我都懂，但選擇總是失控，所以依然過不好這一生。

不可否認，我很羨慕那個被上天眷顧的女孩，她擁有看似普通卻許多人都無法企及的幸福，活得平淡快樂。但又很慶幸我沒有被上天眷顧，沒有變得如女孩那般「安分」，因而造就了我堅毅果敢、乾脆俐落的行事作風，讓我見識了更多彩的世界和更廣闊的天地。

我很清楚並且一直相信，想要開闢並仰望屬於自己的一片天空，就只能捨棄舒適圈的自在。魚與熊掌從來不可兼得，有捨才有得。

學會情感斷捨離，願你過好這一生

之前網路上有段時間很流行「斷捨離」這種說法，網友們也從各方面開始分享自己理解的「斷捨離」。但它到底是什麼意思，見仁見智。

我理解得比較通俗淺薄：「斷」是清除不需要的事物；「捨」是捨棄多餘的事物；「離」是脫離對事物的執念。我覺得這個詞最好的地方就是它可以應用在人生的各方面、各階段。

　　幸福有時候並不是累積而成的，而是透過割捨來獲得的。人的一生太長，要經歷太多事情，也會留下許多痕跡，所以需要定期進行「斷捨離」。只有清理掉不必要的東西，才能騰出位置迎進更多美好的東西。

　　同樣地，情感也需要斷捨離。有時候只有真正放下過去，捨棄不必要的情感，我們才能活出新的精彩人生，活出真正的自己。人生在世，總有一些事情我們「只可遠觀而不可褻玩」。

　　一份真摯的感情尚且不敢保證能始於一瞬心動，止於白頭偕老，更何況那些未能堅持的感情？放棄曾經擁有的感情確實不易，但如果你總是執著過去，怎麼有機會迎接下一次的美好相遇？所以你要學會放棄，也許只有捨棄那些本不屬於你的，才有機會遇到那些本該屬於你的。

電視劇《知否知否應是綠肥紅瘦》中，女主明蘭開始時傾心小公爺齊衡，即使遭到齊衡母親明裡暗裡多次反對，即使自己的祖母也不看好這段感情，即使遭到了外面許多人的指指點點，她依舊默默地堅持選擇相信齊衡，盡力爭取自己的幸福。只是終究有緣無分，齊衡另娶他人。

明蘭的果斷在此時展現得淋漓盡致，雖有不捨，但她還是選擇斷得乾乾淨淨，不留一絲可能。所以哪怕後來齊衡再找來時，她也堅決沒有回頭。因為她明白，人可以往回看，但絕對不能往回走，她在放棄的那一刻，就已經選擇了前路與新生。

我始終相信，情感斷捨離並不是一場悲傷的告別，而是一次與自己以及未來要留在自己的世界裡的人的歡喜相遇。

我祝願所有在感情中困惑的人，都能透過斷捨離的智慧，活出自己的節奏，看清自己的需求，學會愛自己的方式。

遇見喜歡的人就像浩劫餘生，
漂洋過海終見陸地。

CHAPTER 02

我永遠有病，你永遠有藥

當你遇到那個人的時候，你之前所有的不相信都會灰飛煙滅。

總有一個人的出現，會打破你以往的種種原則，

就那麼勢不可當地走進你的心裡。

13

我永遠有病，你永遠有藥

愛情可能就是，我懂你的奇奇怪怪，願意陪你可可愛愛。

🌢

不相信愛情，又一直在等待愛情

當代社會中，原生家庭的問題越來越不可忽視，情感缺失首當其衝。從小缺愛的人一般都有個後遺症：高度敏感，缺乏安全感。也因此，很難有人能夠真正走進這類人的心裡。更要命的是，他們很善於偽裝自己，接受一個人的愛意的時候，表現出的開心或者抗拒，可能都不是真心實意的。

奇怪嗎？其實不奇怪，因為他們從一開始接受的時候，就已經做好了對方可能會隨時轉身離開的準備。

朋友莉莉可以說是在爸爸媽媽的吵架聲中長大的，感

情需求從小被忽略，用她自己的話說，習慣了。十幾歲的時候爸爸媽媽終於分開，互相解脫，她誰也沒跟著，自己單獨生活。也許是因為從小缺愛，導致她成年後特別渴望能從周圍人身上得到彌補，於是她換男朋友的速度簡直是光速。她不會對交往的對象進行深入地了解，感覺合拍就交往看看，不合拍就好聚好散。她對每一任男朋友都表現得不甚在意，和對方在一起時做什麼都是滿不在乎的樣子，所以即使分手，也不會有大起大落的悲喜。

只是每次分手後，她坐在我身邊的樣子都莫名令人心疼。明明周圍有那麼多人，環境也稱得上喧囂，卻還是能從她身上感覺到深深的孤寂。我知道，其實她心上一直裹著厚厚的殼，她曾說過：「我和他們在一起也會像爸爸媽媽那樣爭吵，然後最終分開，所以我為什麼要拿真心對待？」

也不是沒碰到過特別喜歡或者特別有耐心的對象，可是每當她鼓起勇氣前行時，總會在某一刻突然又變得畏畏縮縮，次數多了、時間長了總會讓對方深感無奈，繼而開始動搖，或者離開。這正好證實她的篤定：「看吧，我就知道是這樣的結果，幸好一開始沒有深陷，現在才能全身而退，果然不能相信自己會被上天眷顧。」

幸運的人用童年治癒一生，不幸的人用一生治癒童年。原生家庭確實會對一個人的情感觀產生很深的影響。不幸的人會非常渴望有一個完全懂自己、包容自己、愛自己的人全心全意守在自己身邊，可以讓自己忘掉從前的種種不安、種種辛苦。可是他們更相信這樣的餡餅永遠不會掉在自己頭上，於是豎起全身的刺來保護自己，用漫不經心掩飾對於對方隨時會離開自己的恐懼。可是，你不敞開懷抱，別人又怎麼擁抱？

希望你是我的良藥，能治癒我的傷痕

其實比起那些缺愛敏感的人，我更心疼他們的伴侶。和這些人在一起，需要異於常人的勇氣和耐心，需要付出比別人多好幾倍甚至更多的時間和精力。不說天長地久，能堅持相對長的時間，我都佩服萬分。

不得不說，好的愛情確實可以治癒一個人，只不過需要細水長流，直到他懂你的口是心非，理解你的言外之意，笑著包容你的彆扭和傲嬌，柔情撫平你的不安和疑慮，然後堅定地告訴你：「別怕，從此以後，我保護你。」

我曾經遇到過一個男生，原生家庭有些不幸，單親，且媽媽為了維持生計，對他的關心相對較少，慢慢地他變成了一個性格偏執又有些自閉的人。他在工作時偏執的一面盡顯，但是回歸生活時，又會變成一個特別幼稚沉默的人。我當時覺得，他以後找的女朋友肯定是一個表面沉靜內斂，但內裡童心未泯的人。

後來的發展果然證實了我的想法，他的女朋友符合我對他的另一半的所有想像。無論是鼓勵他接觸新的東西，或是安慰他低落的情緒，還是陪他做一些看上去很幼稚的遊戲，那個女孩全都樂在其中，絲毫沒有勉強或者表演的成分。

我曾經問過女孩，和男孩交往是否會疲憊？女孩當時思考了一下說：「我不能給出絕對的結論，但是起碼現在我心疼他，陪著他就是想讓他開心，想讓他走出迷障，看到希望。而且，我現在也很開心，喜歡他很開心，陪著他很開心，即使最終治癒他的那個人不是我，但我確定他一生都忘不了我。」

女孩的話讓我有一瞬震驚，這個男孩居然如此幸運！

看到他們，我才確信原來這世上所有的等待和陰差陽錯，真的都是為了讓你在未來的某一刻能遇到那個對的人，遇到那個願意陪你「奇奇怪怪、可可愛愛」的人。

　　希望有這樣一個人的出現，從他來到你生命中的那一刻，你的世界凜冬散盡，星河長明。

14

哪怕輸，也比不做要強

顧城在〈避免〉裡寫道：「你不願意種花，你說，我不願看見它一點點凋落。是的，為了避免結束，你避免了一切開始。」

💧

誰說站在光裡的才算英雄

　　不知道學生時代你有沒有遇到過這樣的學霸：平日學習吊兒郎當，上課睡覺，下課玩鬧，但成績一直很好，是許多人嫉妒的「天才」。但是後來偶然知道，他放學回家天天補課，夜夜寫考題，早上到了學校卻說自己昨晚玩了一整晚遊戲。

　　我知道他們想營造一種自己很聰明的人設，但不理解他們把努力搞得鬼鬼祟祟的心理。當然，他們為自己留了一條後路：考得好是聰明，考不好也不讓人意外，畢竟平

時也「不學無術」。

在我看來，這不是低調的努力，也不是高調的炫耀，是因為他們輸不起。他們不是不努力，只是比別人更加害怕失敗，才提前準備一塊遮羞布。

我為什麼會在這裡說這個呢，因為這種情況在感情中常常出現，很多人對感情望而卻步，就是因為害怕被拒絕、被傷害，所以索性選擇不告白、不開始。

不要老說酸掉牙的「從他的全世界路過」，也少用所謂的「默默陪伴」來掩蓋自己的不自信。網路上有一句話叫「寧可去碰壁，也不要在家裡面壁」，我覺得十分有道理。現在的年輕人誰願意被人說成感情 loser（失敗者），又有誰會抓著天長地久不放？

愛得高調能讓一段感情轟轟烈烈，愛得低調也能感受蕩氣迴腸，但是暗戀，怎麼說呢，只能用獨自盛大來形容了。因為除了你，誰都不知道這段感情曾深刻地存在過。

沒有付出過，談什麼勇敢；沒有爭取過，說什麼遺憾。你還沒有拚盡全力，又怎麼知道自己會一敗塗地？

拚盡全力才不愧對自己

面對一段感情，面對喜歡的人，有人不進反退。有人害怕被拒，於是反向操作，不僅不主動爭取，還會暗地裡嘲諷主動的人，然後在心儀的對象真的遠離自己和別人在一起後又咬牙切齒，搬出自己心裡那點不甘和脆弱，自我安慰道：「如果我表白，還有他什麼事啊？」

對啊，那你當時為什麼不表白？同樣是「土」字輩，有人是土包子，有人是土豪。就為了維護自己那點搖搖欲墜的自尊？在我看來，這種想法和操作實在愚蠢至極。

在感情中，主動出擊遠比待在原地更接近幸福。

我身邊有這樣一個男性朋友石頭，性格內向，做事優柔寡斷。後來他喜歡上一個女孩，兩人是在工作中認識的。女孩性格慢熱，那時候又一心專注在工作上，在感情方面難免心思少一些。而石頭在動心後也沒有採取明顯的主動措施，只是在一些社交場合不著痕跡地關心、照顧她，比如偷偷經別人的手遞個紙巾、倒杯熱茶，卻不敢在

活動結束後對她說一句「我送你回家」。

　　就這樣，在他的猶豫不決和徘徊不前中，女孩最終成了別人的女朋友。最主要的是，在旁人看來，她的男朋友從各方面都比不上石頭，只是因為他對女孩進行了坦蕩、直白的追求。

　　後來，從別人口中得知，女孩剛開始也屬意石頭，她知道石頭一直在私下照顧她，而她也不會隨便接受別人的關心照顧，之所以石頭可以，都是女孩在給他坦白的機會。

　　你看，你不敢做的事，總有別人願意做；你不敢說出口的話，也有別人願意對她說。那麼你愛的人，最後也只會成為別人的愛人了。

　　後來我問石頭：「你後悔當初沒有表白嗎？」那時已時過境遷，人事也早已不同，石頭沉默，最後回道：「我曾經後悔過，但現在不後悔，她幸福就好。但是如果能回到當初，我一定會毫不猶豫地表白、追求，哪怕最後不能在一起。」

　　在任何一段關係中、人生的任何一個階段中，無論生活、工作或是感情中，我們都應該有拚盡全力的覺悟和勇

氣。很多時候面對一個未知的結果，我們會本能地恐懼，會試探，但很少會真的拚盡全力。但是仔細想想，拚盡全力以後的順其自然和兩手一攤的毫無作為，哪一個會讓以後的你更加悔恨和遺憾呢？

人生短暫，每一次的保留和不作為都是日後回憶中的遺憾和不甘，動畫電影《大魚海棠》裡有這樣一段話，我很喜歡，分享給大家共勉：

這短短的一生，我們最終都會失去。你不妨大膽一些，愛一個人，攀一座山，追一個夢。

15

純粹的愛情是明知不可為而為之的篤定

他可能不是和我最相配的人，但他是我最愛的人。

成年人的世界，不能僅談感情

三十歲左右的年紀，有幾個人心裡沒有裝載過別人？每個嘴裡說著不想戀愛的人，很可能心裡都裝著一個無法擁有的人。那些過往讓我們面對感情時更謹慎，也更敷衍，謹慎是對自己，敷衍是對別人。

這個年紀的我們開始一段感情，會考慮很多外在因素和現實原因，有時候真的覺得，人的年紀越大，能奮不顧身愛上一個人的機率就越小。隨著年齡增長，經歷的事情越多，心裡的顧慮越多，我們再也沒有辦法完全摒棄外界的一切聲音全心全意地做一件事，談一段情。

在三十多歲時對一個人動心，第一個想到的不是對方

喜不喜歡自己，而是我和他是否相配，我們的家世、事業、社會地位、「三觀」都對等嗎？我和他在一起別人會怎麼評價？看看，可能你還沒有和對方表明心意，這段感情就已經被這些問題扼殺在搖籃裡。

我曾經遇見過一個女孩，性格活潑又主動，自信又熱情。初入職場，她遇到了他，一眼萬年，迅速墜入愛河。他大她五六歲，事業有成，地位穩固，也是一念心動。

對於女孩來說，現在實在不是她最適合談戀愛的時候，而且有許多聲音在說著他們不適合、不相配。但她初生牛犢不怕虎，覺得只要相愛，就未來可期。再說了，愛情哪有那麼多配不配，重要的是兩情相悅，他說在她的身上看到了感情最美好的樣子，這給了她無與倫比的勇氣與信心。所以無論外界風雨，她還是選擇與他在一起了。

一段時間後，我再次看到女孩的時候，她已經恢復單身，一身憔悴疲憊。她說，當初憑藉一腔熱情，覺得兩情相悅的喜歡即使跌跌撞撞，也總能開花結果。她承認自己被沖昏了頭，忘記成年人的世界裡存在利弊得失。

開始的洶湧愛意在漸漸平淡後，兩人的經歷、經驗、

地位的不對等開始凸顯，她終於意識到現在的自己，根本追不上男人前進的速度。於是開始衡量利弊、計較得失，於是矛盾開始產生、衝突開始累積。愛意在還沒化成厚度的時候就開始消磨，怎麼還敢期待未來？他們說得對，愛情終究敗給了世俗。

我有些唏噓，當時也曾送上祝福，希望女孩這段感情能開花結果，現在看來還是有些奢望了。但我還是佩服女孩勇敢追愛的行為，讚嘆她敢愛敢當的勇氣。

因為純粹的愛情，絕對不是權衡利弊後的決定，而是不計後果的篤定。

多一點真誠和愛意，少一點顧慮和懷疑

現在的我們有時候還是很喜歡看一些校園青春影視劇，因為喜歡少年時那種青澀懵懂的感情啊！在青蔥的年紀心動，只是單純地喜歡一個人，只有喜歡，和他的家世無關，和他的財富無關，那樣純粹乾淨的愛情想想都美好。所以我們期盼，我們懷念，我們歌頌，因為路過這一

程，終此一生我們再難遇見這樣不用權衡利弊、沒有利益摻雜的感情了。

之前看到過一個話題：「為什麼大學時的晚霞總是特別好看？」有人回答：「大概是因為那個時候所有人都在窗邊看著絢爛美麗的霞光，而只有那個人在看著你吧。」那時候的愛情就像那時的霞光一樣，繽紛耀眼、拋灑萬丈。

我還是希望作繭自縛的人最終也能破繭成蝶。誰說過了三十歲就不能擁有難忘的愛情？誰說我們只能選一個所謂「適合」自己的人？我一直不太喜歡相親的其中一個原因，就是相親時雙方會把各自的條件明碼標價後，再一一去配對，這中間多是利弊的權衡，是「適不適合」而非「喜不喜歡」。

但是感情的可貴之處不就在於它能夠純粹又嫵媚嗎？如果開始就建立在物質基礎的對不對等上，那些愛情本該擁有的欣喜和愛意，又要寄託在哪裡？

所以我覺得你盡可以大膽一次。你要明白，最後和你過日子的只是你愛的這個人，不是他的家庭、親人，不是他的工作、地位，僅僅是他而已。

真正的愛情不會讓你感到很累，
你對我好一點，我對你好一點，
如此便過了一輩子。

16
人總是容易愛上那些不願意認真愛自己的人

他說鍾愛白開水，奈何你偏偏是雪碧，為此你拚命地晃走身體裡的二氧化碳，變成一瓶沒有氣的甜水，比白開水多了幾分甜膩，所以你依然沒能成為他的鍾愛。

◗

我就喜歡你不喜歡我的樣子

我曾經遇見一個女孩，她喜歡的人是有些玩世不恭的「紈綺子弟」，那種對待愛情滿不在乎的人。她說一開始對他也沒什麼感覺，但就是在對方一次次半開玩笑半認真的告白中，自己就真的動心了，即使對方好像從來沒有正經、認真地說過喜歡。她也知道對方沒有幾分真心，但自己就是情不知所起，一往而深。

我聽了不免一陣心酸，陷入這種感情裡的，從來不只她一個人。

你清楚地知道對方的喜歡很可能只是一句輕飄飄的、似是而非的玩笑話，他沒有任何想花時間去了解你的意願，也沒有想花心思去遷就你的意思，更沒有打算深入你的生活。在他們的世界裡，你可能只是調味劑，即使這些你都知道，但是沒有辦法，在他張口就來的甜言蜜語中，在他若有似無的曖昧中，你還是情不自禁地動心了。更悲哀的是，你一直都知道，他對你說過的那些話也會對另一個人說，他對你做過的那些事也會對其他人做，那點所謂的「喜歡」更是可以隨手送給別人，你從來不是他的偏愛和例外。

　　但是愛上一個人，很多時候都沒什麼道理，就是沒辦法坦然放手。也許多年後回想這時的自己，你可能會感到無奈與可惜，無奈自己怎麼會對這樣一個人死心塌地，可惜自己當時為什麼會對這樣的感情情不自禁、身不由己！

　　人很奇怪，對於主動追求自己的人總是愛理不理，反而容易愛上那些對自己愛理不理的人。也許是人性本賤，得不到的永遠是最好的；也許是人類都存在不服輸的基因，你越是對我愛理不理，我越是想要挑戰自己。

所以說，愛情是種玄學，也是一種執念。

我更喜歡看得見的在乎和明確的愛意

有些人喜歡和異性保持習慣性曖昧，比如他會定期聯絡你，偶爾在你的 PO 文下留言，偶爾會注意你的動態、留意某些細節，讓你產生一種他時刻在意你的錯覺。

但你要知道，一個人要做到這些並不難，他可能同時對很多人都有同樣的行為。醒醒吧，這樣「平均分配」的感情，不跑還留著過年嗎？

不冷不熱的溫度是讓世界最舒服的溫度，可是在感情裡，這是最讓人厭惡的溫度。

有人說：「喜歡是放肆，而愛是克制。」我是相信這句話的。「喜歡」很容易說出口，沒那麼重的責任感，不會讓人產生太多負擔。但「愛」不是，「愛」這個字比「喜歡」要嚴肅很多，它是在了解了你的一切過往，知道了你的一切喜好，花費了很多心思，傾注了很多心血，願意包

容你，願意走進你的生活以後，才敢說出口的承諾。這份感情，重逾千斤。

你說你喜歡我，可能連我喜歡吃什麼、喜歡做什麼、喜歡玩什麼，今天晚上為什麼這麼晚回家，突然不回訊息了、是不是生氣了……你都不了解。你說你喜歡我，可能吧，但是很抱歉，我更喜歡看得見的在乎和明確的愛意。

認真對待感情的人想要的，都是明顯的偏愛。想要你在工作結束後，第一時間聯絡我；在不能秒回我訊息的時候，提前告訴我為什麼；在突發事件中，首先想到我……不要認為這是束縛，是枷鎖，在這種點點滴滴的細節中，最能讓我感受到自己確實是被愛著的。

所以，不要再對那些不太願意認真愛你的人抱有期待，愛情的雙向奔赴一定是建立在雙方用心、認真的基礎上，在一段愛情裡，一旦有一個人心不在焉，那這段感情就不值得留戀。

我不想要客觀的愛，就想能夠大大方方站在你的世界裡，和你牽著手一起走在陽光下。希望在你這裡，我永遠都是優先與例外。

認真對待感情的人想要的，
都是明顯的偏愛。

17

在愛裡拚盡全力，可比躊躇觀望的人更有種

愛是一生的磨難，不愛是一生的遺憾。

🌢

從未在一起比最終沒有在一起更遺憾

維納斯的斷臂、《紅樓夢》底稿散失、〈二泉映月〉的悲音創作，都是缺憾。世間的花開花落、月亮的陰晴圓缺、人生的悲歡離合，都有缺憾。一段感情，不管結局是否圓滿，也一定會有遺憾。兩個人能夠相識已是不易，走過相知、相戀、相守更是艱難。

所以就算我們最後走散了，也不用責怪任何人，不是我們不夠努力，而是有時候缺憾早已注定。

我之前看過一個故事，講男孩和女孩曾經是一對很相配的戀人，周圍人都以為他們會結婚生子，美滿一生。結

果女孩卻嫁給了另一個男人，而且過得並不幸福，不久後便以離婚收場。

後來男孩和女孩在一次朋友聚會上重逢，男孩突然問女孩：「我們當時到底是為什麼分開了呢？」女孩已是微醺，思考了一會兒後搖了搖頭。仔細想來，兩人之間也沒有什麼驚天動地的衝突，更沒有聲嘶力竭的爭吵，只是開始出現分歧，只是失望日日累積，最終兩個人不約而同地選擇了分開。

最後女孩說：「我不遺憾兩人之間沒有結果，因為我們至少認真地相愛過，彼此擁有過，哪怕結局不夠完美，總比從未開始過要好。他教會了我什麼是愛，也讓我體會了分開，所以後來的我，再不願意將就。我之所以那麼決絕地離婚，也是因為我曾經遇到過那個滿心滿眼都是我的人，所以才清楚後一段感情有多敷衍。」

比起沒有長久的遺憾，我覺得開始過、相愛過、擁有過更值得慶幸。所以不要再埋怨那個中途下車的人，畢竟他曾陪你一段風雨兼程。

你走時我不去送，但你來我會跑著去迎接

張愛玲說過：「不愛是一生的遺憾，愛是一生的磨難。」我反而習慣反著看這句話：「愛是一生的磨難，但不愛是一生的遺憾。」

現在越來越覺得，比起故事沒有開端，我寧願結局不太完美。我更願意我們相遇過、相愛過，為了彼此奮不顧身過，哪怕最後分得徹徹底底。起碼，後來如果能再重逢，一起把酒言歡、回憶往事時，我們還可以笑著談論彼此與過往，懷念那段感情與自己。

我身邊一個愛了暗戀對象五年的女孩，從來只敢在沒有人的時候點進對方的社群媒體偷偷觀望，在共同好友的 PO 文底下共同評論，期望對方有一天能注意到自己。但是每次在評論完後，她都會忐忑不安很久，在腦子裡一遍遍閃回兩人的交集，居然就這樣持續了五年。

直到有一天看到男生在社群媒體發了女朋友的照片，她終於死心，這麼多年的徘徊不前終究讓他們的關係止步於點頭之交，那些想說又不敢說的話再沒機會說出口。

後來她和我提起這段感情時，還是紅了眼眶：「為什麼當時我沒有再勇敢一點呢？哪怕表白被拒絕，也好過現在天天遺憾啊。直到現在，我還是會怪當初膽怯的自己，可惜再也沒有機會說出這場暗戀了。」

　　都說雙向奔赴的愛才有意義，但是哪有那麼多雙向奔赴？愛情不像商場打折，你一直等就會等來想要的結果。前幾年有個很熱門的詞叫「直球少女」，說的就是在愛情裡勇敢出擊的女孩們，這裡也要為她們按個讚，遇到喜歡的人就勇敢一下，管他三七二十一，不是比把這份感情藏在心裡放爛來得痛快嗎？

　　很多人只能在我們的人生中陪伴一程，誰知道這一程是不是比漫長的一生更有意義呢？在對方離開的時候，我們不必大張旗鼓去相送，也不必痛哭流涕地糾纏，就當送別自己的一段人生，只說珍重。

　　但是，只要你來，無論風霜雨雪，我都會跑著去迎接，這大概就是我對你最熱烈而盛大的愛。

18

我不想成為你青春裡的那個人，
只想做和你白頭到老的人

「你青春裡曾經喜歡過的那個人現在怎麼樣了？」
「已經成了我老婆，正睡在我身邊呢。」

那些年，我們一起追的女孩

在偶像劇風靡的時代，我覺得愛情特別偉大。因為不管兩人之間差距有多大，遇到了怎樣的磨難，男女主角最後一定會有一個完美的結局。但是長大以後發現，生活遠比電影更加戲劇化。

愛情在現實面前，就像一隻螞蟻要絆倒一頭大象般幼稚，是幼稚，不是可愛。

我在前文說過，可能每個人心裡都會有一個特別喜歡但是沒有辦法在一起的人，就像每個嘴裡說著不想戀愛的人，很可能心裡都裝著一個無法擁有的人，最終只留下記憶裡的身影。仔細想想，你們之間似乎也並沒有發生什麼驚天動地的事，更沒有什麼後來，但就是那時的一幕幕場景，驚豔了你的往後餘生。

　　《那些年，我們一起追的女孩》這部電影曾經風靡一時，其實不過就是講述了一個相愛錯過徒留青春遺憾的故事，為什麼會受到大家的追捧呢？是因為它戳中了許多人的痛點，無論年紀大小，每個人的青春中多多少少都有過這樣的遺憾，事後都曾想過，如果當初自己再勇敢一點，是不是現在就會擁有不同的人生、不同的結局？可是錯過了就是錯過了，不會再有重來的機會了。

　　年少時喜歡的人，大概真的可以被記很多年。可能某一天聽到一首熟悉的歌，或者看到一幕似曾相識的場景，那些美好又有些模糊的記憶便如潮水般湧來了，那些被歲月的風沙掩埋的記憶，原來只是隱沒在了名叫青春的洪流中，並沒有消失。

多年以後，大家再坐在一起的時候，回想那段時光，似乎也說著同樣的話：「謝謝你那麼多年以來那麼喜歡我」、「我也謝謝你這麼多年一直沒有拒絕我喜歡你」、「你見證了我的青春」、「榮幸之至」……

愛情裡，帶給我們最初也是最深悸動的人，往往並不是和我們攜手漫漫人生路的人，而是讓我們留足遺憾的人。

縱使歲月荏苒，縱使物是人非，但在那些特定的年華，對方帶給我們的感動與留戀卻不會消逝，因為那樣的悸動，是我們在羞澀與肆意的青春裡轟轟烈烈活過的最佳證明。

如果再來一次，我們一定要相扶到老

看過一句很揪心的話：「最後和你相伴一生的那個人一般都不是你最愛的人。」雖然我對這句話並不完全贊同，但是我想，這樣的結局應該確實存在吧。

我曾經遇見過一對從「荒蕪」相守走到「繁華」分開

的情侶，他們曾是彼此的「先生」和「小姐」，卻沒有緣分成為「老公」和「老婆」。

他們識於微時，但是相愛，會在對方委屈、遭遇不公的時候站出來互相安慰、互相維護，會在每個特殊的日子裡向對方表達熱烈的愛意，那些只有他們知道的暗號和小故事，成了人生這個階段中抹不掉的幸福印記。

後來他們都事業有成，卻也各自有了新的生活，他們陪伴彼此走過籍籍無名，卻終究沒有相扶著走過繁花盛開。

我後來去問過那個女孩：「後悔和他相識嗎？」

她毫不猶豫地回答「不後悔」。她說：「我從來都沒有後悔遇見他，如果還有下輩子，我還是想要遇見他。但是這一次我想換一個時間，我不想這麼早遇見他了。我不想成為他青春裡的那個人，我想要做那個和他白頭到老的人，我想和他一起從籍籍無名走到巔峰相見，然後一起走過往後餘生，一起擁有我們曾經構想過無數次的家庭和未來，我們要換個時間再愛一場。也許這一次，我們能贏。」

她說的話讓我突然想起《梅岡城故事》裡的一段話：

「勇敢，是當你還未開始就已知道自己會輸，但你仍然要去做，而且無論如何都要把它堅持到底。你很少能贏，但有時也會。」

我很佩服這個女孩的勇氣，更希望她能在以後的人生中碰到能讓她成為「老婆」的「先生」。

雖然看過很多段無疾而終的愛情，但是不可否認，每一段感情開始，原本都是想著完美落幕的。誰都不想成為青春記憶裡被懷念的那個人，都想成為往後餘生陪對方走過漫長歲月的人，想成為那個和對方一起並肩戰鬥、一起成長成熟、一起組建家庭的人，想和對方撐過柴米油鹽，享受兒女繞膝的天倫之樂直到耄耋，這大概就是對這段感情最美好的期盼。

19

這也許不是我最好的選擇，但這是我的選擇

缺角的地方不去看它，整個杯子就是圓的。每個人都有缺點，人不去計較缺點，則每個人都是很好的人。

🜄

一個人難，戀愛更難

越來越多人感慨：為什麼談戀愛越來越難了？我分析總結了一下，以下只代表個人觀點。

當代年輕人大致可以分為兩種：一種是活得太「自私」的，發現對方與自己有一點點不合拍馬上就斷定雙方不適合，乾脆俐落地分道揚鑣；另一種是活得太「明白」的，很清楚自己需要什麼樣的伴侶，不戀愛則已，一旦戀愛便奔著一輩子。

前者做事一般快刀斬亂麻，後者大多世人皆醉我獨醒，都是堅守寧缺毋濫主義的人。當然，不是所有的人都

這樣，但不可否認，這兩種情況是當代年輕人的戀愛主趨勢。

現在的年輕人大都不喜歡回家過年，為什麼呢？因為每逢佳節，總有一些「爹娘味」十足的人跑出來向你傳達他們那些「過來人」的經驗，告訴你什麼時候該談戀愛，什麼時候該結婚，結婚要找什麼樣的人，結了婚要怎麼過日子，等等。更離譜的是，有些人翻舊帳，把你以前遇人不淑或者不太理智的事情拿出來一遍遍敘述，邊說邊數落，以襯托他們的「教導」有多正確、人生有多成功，總之就是在覺得不如自己的人身上尋找存在感。

不知道你遇到這種情況是如何處理的，每次回家遇到這種人，我都很想對著他們大聲吼：「我的人生怎麼過是我自己的事情，我為我做過的一切決定負責，你教授的經驗誰能負責？不能就閉嘴。」當然這些話只敢在心裡演練。他們說的道理其實是對的，但人生該走的彎路、能踩的坑窪、會撞的南牆等，我們一個也避免不了，就像父母經常教授的「捷徑」，也是因為他們經歷過才能記得如此清楚，他們的父母又何嘗沒有教授過經驗，最後不也沒有避

過嗎？

人，多多少少都有些不撞南牆不回頭的愚蠢，更有些撞了南牆也不回頭的執念。

也許我們在當下做出的選擇並不明智，但是如果避免不了，那只要我能對自己的選擇負責，我自心安。

毫不猶豫地開始，義無反顧地承擔

大家現在越來越接受的一種想法就是：如果兩個人在一起並不比一個人生活更快樂，那又何必自討苦吃？尤其在女性越來越獨立的現在，似乎拋開經濟依賴、生兒育女、家庭瑣事，一個人的生活反而更輕鬆自在。成年人本就應該學會為自己的選擇買單，我可以承受選擇的後果，所以你們別來要求我。

朋友小莫有一段並不成功的婚姻，她和他在三十歲相識，很快就步入婚姻生活，之後迅速生子，也算半生圓

滿。我剛知道他們在一起的時候，其實是比較震驚的，因為覺得他們並不是特別相配。但是她義無反顧選擇了他，作為朋友，我也只能祝福。

婚後一段時間，他對小莫還不錯，為人體貼周到，包括小莫生孩子、坐月子期間，男方也是事無鉅細地把一切打點好，生活看上去幸福美滿。但是在羨慕還沒有平息的時候，小莫卻突然告訴我，她離婚了。

朋友們一時間譁然，有安慰的，有詢問的，有馬後炮的，可能那一刻不少人都感覺自己是個智者，尤其是曾經勸說過兩人不要在一起的人。

而這個消息在我看來，意料之外又情理之中。我什麼都沒說，因為覺得既然當初做出選擇，那就應該想到過所有的結果。因此，我並不為她這段婚姻的結束而惋惜，大家都是成年人，可以也應該為自己的行為負責。我只是為小莫在這段感情中受到的傷害而難過。我很明顯地感覺到，小莫離婚以後再也沒有了婚前的天真和快樂，開始變得沉穩、靜默，和朋友聚會時也更願意默默地坐在角落裡溫柔地笑。

但是我又很慶幸，她沒有受到那些所謂的「過來人」

影響，選擇和他在一起沒有顧慮退縮，選擇分開也沒有一蹶不振，只是默默承擔了離婚帶給她的所有結果。

既然當初毫不猶豫地做了選擇，就不談「後悔」二字，旁人又有什麼資格指手畫腳？

假如今天生活欺騙了你，不要悲傷，因為明天生活還會繼續欺騙你。人生的美妙之處就在於未知，很多時候看似是你的決定帶你去了某個地方，但是等到以後再回過頭來看，才會發現冥冥之中自有天意。未來有無數個未知，比如即將體驗的事情、即將認識的人，所以不妨大膽一點，反正這大好的年華無論怎麼度過，都不會有重來的機會了。既然如此，又何必猶猶豫豫、畏首畏尾呢？

年輕就是試錯最好的成本，我們可以有很多的時間去體驗我們想要的感情，可以承擔每次的選擇帶來的後果。

所以，不要害怕自己會做出錯誤的決定，每一段旅程都是人生不可複製的風景，盡情去體驗、去感受就好，哪怕不是最好的選擇，但這是我在那時那刻做出的最遂心的選擇。

20

大方地表達愛意，沒什麼好丟人的

一個人最大的悲哀，不是沒有正確認識自己，而是要他去
認識自己等於要他的命。

我喜歡你，就算是我主動也沒關係

如果你現在還相信「女生不能主動，主動就輸了」、
「主動的女生男生不會珍惜」之類的話，那你真的是「過
時」了，也難怪別人「不候」了。這都什麼年代了，怎麼
還會有這麼迂腐的價值觀呢？

不可否認，直到現在或許還有人篤信這樣的說法，但
是女孩，你要知道，這樣的人戀愛，大多不會長久；和這
樣的人戀愛，更不能保證長久，因為他從一開始就把愛情
分了三六九等，自覺高人一等。拋開物質現實，精神都不
能平等的話，你覺得這段感情能堅持多久？在感情裡主動

並沒有問題，價值觀天平失衡才是關鍵問題。

我一直覺得，寧願錯過喜歡的人也要維持自己的面子的人，根本不懂什麼是珍惜，遇到這種人，就果斷地轉身離開吧。

我聽朋友講過一段故事，男生事業有成，女生初出茅廬，一次偶然的機會兩人合作了同一個專案，由此相識。兩人算是一見鍾情，但是女生覺得兩人之間差距太大，總有「君生我未生，我生君已老」的感慨，於是只敢把這份好感默默放在心裡，沒有向任何人表露過。

兩人合作這個專案長達五個月的時間，在這五個月裡，兩人朝夕相處，女生雖然平時性格大大咧咧，但是工作中卻沉穩安靜。合作結束以後，除了偶爾的社群媒體按讚，兩人就沒有什麼交集了。直到有一天，兩人因為這個專案的後續工作重逢，在工作群組裡共同商討工作時，看著對方再次出現在自己的生活中，雙方的喜悅都難以言表。終於，男生主動向女生表白。

女生覺得不可思議，因為就算是喜歡也應該由自己來主動，畢竟對方和自己的差距擺在那裡。但是男生卻告

訴她：「我很喜歡你，但是一來我的自尊心不允許我主動『自降身分』；二來我怕遭到拒絕丟面子，畢竟你那麼好，好到我想把全世界都捧到你的面前。所以之前一直猶豫，想等你主動靠近，我順理成章接受。但分開後我才發現，沒有告訴你我的喜歡才是最令我後悔的事，相比喜歡你，自尊心和面子不值一提。我已經失去過一次機會，幸好又有了一次機會，我必須抓住。」

你看，如果真的喜歡，你就站在那裡，什麼都不用做，我就會主動向你靠近。有些人總喜歡埋怨自己沒有遇到那個對的人，嘮叨著那個人什麼時候才能出現，但是你有沒有想過，你在生活中曾經遇到了多少人，他們中有多少人與你「三觀」一致、愛好相投，但是你一個都沒抓住，為什麼？等對方主動嗎？那抱歉，活該你單身。

所以我一直不相信有等來的愛情，男生女生都一樣。喜歡一個人，如果只是等著對方主動，那互相錯過的機率遠遠大於在一起的機率。

暗戀很美好，但主動出擊真的超酷

前不久，有一個朋友大晚上突然傳訊息給我，說她剛剛在路上看到了一個讓自己非常心動的男生。我連忙回覆：「那就去要聯絡方式啊！立刻就去！不要猶豫！」

都說「暗戀是一個人的長篇巨製，單方面的地老天荒」。在暗戀的世界裡，很多人就是缺乏那麼一點勇氣，才更願意用暗戀織成的殼來保護自己。刻意製造偶遇，是為了碰見他的時候和他說句「嘿」；他隨口說的遊戲，我通宵熬夜都要玩到懂，就為了和他有共同話題；穿了件同色的衣服，會偷偷竊喜。

說實話，我不是很贊同這些在暗戀的時候腦補過多、患得患失的人，因為覺得費時費力費精神又毫無意義。

矜持這種事情可以是生活中的小情趣，但不該成為主動追求幸福的枷鎖。看到了自己喜歡的人，那就勇敢一點，主動出擊一次，明確地表達愛意和喜歡是一件非常酷的事情。

我曾經看過一句充滿遺憾的話：「無論當初你們倆誰主

動一點，結局都會不一樣。」很多段本來可以有個開始的感情都因為怯懦而喪失了機會，於是不管將來如何，你永遠不會知道這段感情是否可以成功，成功之後你的人生又是怎樣的。哪怕經年之後再相遇，最多也只有一句不痛不癢的「好久不見」，你捫心自問，真的不後悔嗎？

我們總是說這個年代追求男女平等，女生可以自由選擇戀愛與生活，既然如此，又何必要讓自己戴上「主動就輸了」、「女生不可以比男生更主動」這樣的枷鎖呢？如果真的喜歡，那就去勇敢追求、大膽表白，結果已經不重要，能在一起自然皆大歡喜，沒有在一起也不需要再費心輾轉，至少表白了就不會留有遺憾。這才是新時代獨立女性該有的樣子。

所以現在我不會讓暗戀發生在自己身上了，如果遇到喜歡的人，我一定會主動出擊。在我看來喜歡任何一個人都不是一件見不得人的事，比起表白被拒，我更怕失去開始的機會。

暗戀也許美好，但勇敢表白真的超酷。不要因為主動追求愛情就覺得「掉價」，也不要因為外界一些陳腐老舊的觀念錯過自己喜歡的人。適時而動，抓住每段來之不易的感情好好經營，是一件非常榮耀和美好的事情。

21

愛你這件事，我永遠保有最大的熱情和真誠

我不能保證自己每一段愛情的永恆，但最起碼我能保證它絕對真誠。

◆

你來我往的感情才有繼續的必要

我是個經常請朋友吃飯的人，朋友回請也時有發生，不是那種刻板的你請我一頓我一定回請你一頓的模式，而是可能你請我三次一百塊的飯局，我回請一次五百塊的飯局，很稀鬆平常的形式。雖然多少也有價格差，但是都在可以接受的範圍之內。

哪種情況最後一定會出現問題呢？就是我請你吃了十次一百塊，你卻只會回請我吃一包辣條，甚至還想跟我AA制的那種。這種事除非有特殊情況，不然我不會坦白說你小氣，但我會在心裡默默地為這段關係畫一個句號。

平等的交往、對等的關係、你來我往的感情才有繼續的必要。

曾經看過一個故事，故事裡的女孩從小就喜歡和男孩在一起玩，小學、國中、高中、大學一路走來，默默地在男孩身邊陪伴了十多年。

明眼人都知道女孩喜歡男孩，但是男孩對此沒什麼反應，沒有提過，也不說破；對於女孩的暗示，既不接受，也不拒絕，就這樣理所當然地享受著女孩對他的好，但是又什麼明確的話都不肯說。女孩一直為男孩開脫，說他遲鈍慢熱，還沒開竅。

直到有一天，女孩發現男孩對另一個女孩開始了無微不至的照顧。他們一起上課下課，男孩會幫女孩背書包；他們一起吃飯，男孩主動排隊拿飯；他們一起走路回家，男孩永遠走在路的外側……

女孩那一刻終於明白，這十多年來都是自己一廂情願，是自己一個人在維持著一段永遠不會有結果的關係。在這段不平等的關係中，男孩從始至終都是漫不經心的狀態，而自己卻付出了全部的真誠和熱情。

感情從來都是兩個人的事，難免會有多付出一些和少收穫一些的問題。我們可以不計較得失，但是不計較的前提是，虧損的成本在你計算好的那一部分成本範圍內。不要輕易相信衝動的荷爾蒙，荷爾蒙只負責一見鍾情，柏拉圖才負責白頭偕老。

就我來說，從不相信那種突如其來的瘋狂喜歡，因為這種熱烈的感情，只會給人一種被沖昏頭的感覺。他會以八倍速靠近你，就會以八百倍速離開你。

陪伴是最長情的告白，時間是最好的考官。關於愛你這件事，我永遠保留我最大的真誠和熱情。有誠意的愛情才經得起時間風浪的沖刷，同樣，如果是一段一開始就沒有打算好好經營的感情，早點看清、早點結束也是對彼此的尊重。

我執著的不是戒指，而是你的心意

女孩子對戒指都有一份無法理解的執著，但是有些男孩會覺得，戒指只是一個裝飾品，價值不大。有人說買戒

指是女孩子想要花對方錢的藉口，在這裡要替女孩子說聲
「冤枉」。女孩子想要這個戒指，並不是看它價值多少，
她想要看的是這個男孩的誠意和那種非你不可的篤定。

　　小時候玩扮家家酒，總會有男孩和女孩扮作爸爸媽
媽，用花草編成的戒指來舉行結婚儀式。雖然那時候並不
完全明白為什麼結婚要互戴戒指，更不明白戒指的真正意
義，但只有完成了這個環節，才能讓人覺得儀式完美落幕。
　　長大後才明白，因為那枚小小的戒指代表的是真心實
意，代表的是餘生的承諾，代表著未來無論會經歷怎樣的
風雨和考驗，兩人都會攜手並肩迎接生活的種種挑戰，這
是多少錢都買不來的。
　　參加朋友的婚禮時，最讓人感動的就是互換戒指的環
節：執起對方的手，真摯地為對方戴上象徵著一生的承諾
的戒指，往後餘生，兩人攜手前行。看到這一幕時，往往
熱淚盈眶。這也許就是許多人在時代發展如此迅速、網路
功能如此發達的今天，還是會對一場傳統的婚禮充滿期待
和憧憬的原因吧。愛不需要證明，但需要被看到、被感受
到。

我覺得戒指是不能隨便戴的，因為戒指真正貴重的不是它的價值，而是它的意義。戒指在我的感情觀裡，意味著承諾，意味著責任。爺爺奶奶那一輩的人，經濟條件遠沒有現在好，婚戒當然也分三六九等，但即使是一枚銀戒指也必不可少，因為不論過去、現在、將來，婚戒的意義都遠超過它本身的價值。

　　所以我覺得男孩子為女孩子戴上只屬於她一個人的戒指時，它就是一個成年人深思熟慮後給出的承諾。就像某個鑽戒品牌標榜的那樣，一位男士一生只能訂製一枚，代表一心一意，我願意和你一起將「Me」變成「We」，這是我對你的諾言，也是我對我們即將組建的家庭的承諾。

　　一輩子很長，但是在你為我戴上戒指的那一刻，無論未來人生如何，我願與你風雨同舟。

22

正是到了難以心動的年紀，
心動才顯得尤為可貴

如果有一天，陽光正好，微風不燥，我歷盡滄桑蹣跚在空曠無人的道路上，恰好遇見那個闖入我的世界的人，那我仍可以揚起嘴角，禮貌問好。

💧

為什麼你越來越難以心動了

之前在知乎上看見過一個問題：「為什麼你很難再心動了？」其中有個很受好評的回答：「大概就是覺得，心還是放在自己這裡安全。」

在看過許多分分合合後，我發現現在的人之所以越來越提不起勁戀愛，可能就是因為都曾用盡全力愛過一個人，不論愛而不得還是錯失摯愛，後來都再也沒有辦法把那時候的熱情付給第二個人。

我前兩天看到一個影片，影片裡一個男孩子在寢室裡面高興得上躥下跳，因為他喜歡的女孩答應了一起看電影。其實這是一件再普通不過的事情，但是我當時看著那個影片裡的男孩開心的情緒都要從影片裡滿溢出來的樣子，真的被那種歡喜感染、被那種純粹感動了。簡單的喜歡最是澄澈動人，這樣澄澈動人的歡喜與開心，我已經很久沒有看見過了。

年少時，我也曾為了淺淺的喜歡犯蠢，比如有一次把老家的床給跳「塌方」了，媽媽當時還問我：「哇，你怎麼這麼開心啊？」對，只是單純的開心，因為那天我加到了喜歡的男孩子的通訊軟體。就是這麼小的一件事，它足足讓我高興了五天。在這五天裡，我每天都笑臉迎人，感覺走路都是輕舞飛揚，大概就是因為當時的喜歡太簡單，愛太純粹。

你問我相信愛情嗎，相信。以前相信，現在相信，將來也會一直相信。可是我再也沒有那種全力以赴、傾我所有去愛人的勇氣了。

人這一輩子，一定不會只愛一次，但未來的愛卻一定不會如首次那般用力。

為什麼年紀越大，越難以心動

我個人覺得，年紀越大，越難心動。造成這種結果最重要的一個原因，不是我們不會愛了，而是時間越長，所剩的可以給予別人的愛意越少。歲月的稜角已經被打磨得圓滑，我們也慢慢長大了、成熟了，懂得做事留有餘地了，於是生出厚厚的繭，包裹自己的心，也隔絕別人的心意。現在我們對感情的第一反應是害怕，害怕受到傷害，害怕付出得不到回報，害怕背叛也害怕自己深陷。

經歷得越多，自我保護的意識越重。你不敢向前，我也不敢主動，哪來的後來呢？

人這一生的情感和愛意是有限的，前面用了太多，後面剩餘的就相對少了。我們每日被各式各樣的生活瑣事牽絆，被錯綜複雜的社會關係禁錮，不得不把有限的感情分配給許多人。但是我希望，無論人生負重幾何，我們都要保留一份愛人的勇氣和能力，哪怕用到的機會寥寥，也不

要徹底失去這份美好。

曾經有一句很受歡迎的話：「願你歷盡千帆，歸來仍是少年。」我覺得這裡的少年不是說你沒有老去，而是說你在經歷了人情世故以後，依舊保有愛人的能力和熱情，依舊對愛情抱有希望和期待，在某一天遇到那個讓你再次怦然心動的人時，仍然有去愛的勇氣。

如果你在很多年以後，依舊可以遇到加了對方通訊軟體就開心好久，和他一起吃頓飯會喜不自勝的人，那麼恭喜你，他一定是那個對的人。

所以，雖然很難再次為一個人怦然心動或痛徹心扉，但請相信，千帆過盡、細水長流的愛情同樣動人。平靜地過著，開心地笑著，適當地忙著，就很好。

23

我從未期待過婚姻，直到你來

我見到她之前，從未想到要結婚；我娶了她幾十年，從未後悔娶她；也未想過要娶別的女人。

♦

結婚？不結？這是個問題

現在社會中越來越多的女性選擇不結婚、不生孩子，我不信奉不婚主義，但是完全理解女性的這種想法。確實，在這個「捲又捲不贏，躺又躺不平，擺又擺不爛」的「速食」社會，應付每天的工作和生活已經足夠疲憊，人們哪還有過多的精力去深入一段感情、組建一個家庭、撫養一個孩子呢？

我也曾多次詢問身邊的朋友願不願意結婚，得到的回答九成都是：「結婚？不結！」

我不是不婚族，但我也想說，結婚不是人生的必需

品，如果沒有遇到對的那個人，就不要為了結婚而結婚！沒有人可以決定你人生的模樣，也沒有人可以為你的餘生負責，所以千萬不要將就湊合。人生的太多選擇都是囫圇吞棗，但是在愛情這件事上，一步都不能讓！

不結婚是因為沒有遇到想要攜手一生的人，但我還是想對很多女孩說，可以選擇不結婚，但是不要抗拒愛情的到來。有人可能會說那句至理名言：「不以結婚為目的的戀愛都是耍流氓。」我不否認這句話有其合理性，但是並不完全贊同。

戀愛和結婚本就可以分開看待，不然哪裡來的那句「最後陪在你身邊的人一般都不是開始的人」呢？所以拋開那些假設，在能戀愛的時候就痛痛快快地戀愛，不要因為害怕結婚索性直接拒絕所有戀愛的機會。

朋友陶某是個非常有事業心的女孩。她從二十二歲大學畢業進入社會開始，默默耕耘了八九年才在職場裡有了自己的一席之地，但是這八九年間，她一次戀愛都沒談過。問其原因，她說：「男人哪有工作來得重要。」我以

為她會一直這樣單身拚下去，去創造自己的商業版圖，但是後來有一天，她突然宣布結婚了，沒有任何預兆，著實給了我們一個大大的驚喜。

我問：「怎麼突然想要結婚了呢，你之前不是一個不婚主義者嗎？」

她答：「也沒有什麼特殊的原因，就是遇到了那個人而已。我之前從未想過結婚，只是因為遇到的人都不足以讓我動心，而且那時年紀尚輕，腳跟未穩，應該以事業為重。但是在恰好的某一天，那個『命中注定』突然就出現在了生活中，像是一縷溫和又耀眼的光，讓世界多了一抹不一樣的色彩。那一刻怦然心動，於是決定就是他了，想要和他一起走下去，直到白頭。」

你可以不相信愛情，也可以不相信婚姻，但一定要有期待。你不用為了談戀愛而去談戀愛，有些事順其自然最好，在真正遇到那個心動的人的時候，也算緣分使然。

當你遇到那個人的時候，你之前所有的不相信都會灰飛煙滅。總有一個人的出現，會打破你以往的種種原則，就那麼勢不可當地走進你的心裡。

結婚不是因為責任，而是因為那個人

現在社會中出現了一種新型情感相處模式：拚婚，打出的口號就是「剩男剩女求不起愛情，只求老有所依」。白話來講，「拚婚」就是未婚男女在沒有感情基礎的情況下，一起搭伙過日子。兩人甚至連情侶都算不上，都是在家庭、社會的雙重壓力下，為了節約生活成本或者其他一些原因才在一起。

我初次聽說的時候也很震驚，因為在傳統觀念裡，兩個人的情感生活是十分真實可靠的，無論感情狀態是否親密，起碼這種情侶的關係是「真實」的，反倒是這種為了應付長輩催婚或者出於其他原因的「臨時情侶」，會給人一種逢場作戲、欺騙人們情感的感覺。

我堅持認為好的愛情，一定是因為遇見你，因為是你，我才知道人生原來可以這樣活。我不會因為家庭的催促、社會的壓力或者同齡人的選擇而匆匆開始一段感情或一段婚姻，我如果選擇結婚，那一定是因為我非常非常愛這個人，願意和他成為一家人，願意和他攜手餘生。

從小到大，無論是生活或者工作，我已將就了很多次，妥協了很多次。人生任何事情都可以退一步，唯有婚姻不可以。這是一輩子的事情，你選擇結婚的這個人，是要和你一起走到生命盡頭的，是要參與你的全部生活的，是要和你在未來的日子裡風雨同舟的，如何能將就？

生命有限，匆匆也好，漫長也罷，沒有人規定到了多少歲不結婚就是不忠不孝。如果還沒有遇到那個人，等等又何妨？不為了結婚而結婚，才是對自己最好的交代。

錢鍾書曾寫給楊絳一段很美的文字：「我見到她之前，從未想到要結婚；我娶了她幾十年，從未後悔娶她；也未想過要娶別的女人。」楊絳和錢鍾書用一生詮釋了「願有歲月可回首，且以深情共白頭」。

所以，不要認為我太天真，也不要認為我太倔強，我不會為了結婚而結婚，同樣也不會抗拒愛情的到來。如果真的有這樣一個人出現，我一定會牢牢抓住他，和他一起開始一段新的人生旅程。

CHAPTER 03

我盡力喜歡過，但聚散不由我

此生能夠遇到你並喜歡上你，是我的榮幸。

以後的日子裡可能再不會有這樣的瘋狂和刻骨銘心。

最後分開我猝不及防，但還是慶幸可以與你告別，並說聲：

「對不起，這段時光打擾了。」

24

小時候詞不達意，長大後言不由衷

「既然你還愛他，他也回來找你了，你為什麼還要拒絕？」

「在我們分開期間他愛上過別人，那時候我們的愛就已經
中斷了。」

◊

愛情是不可以中斷的

在我看來，一段感情真正的結束不是分手，不是斷
聯，而是我開始接受另一個人、另一段感情的時候，因為
這代表我真的可以放下你、放下過去了。

我不太能接受破鏡重圓，因為我覺得愛這個東西是不
可以中斷的。當然，這是我的主觀看法，可能這個想法有
點不成熟，但是我覺得他在我之後愛上另一個人，轉頭還
能再回來愛我的時候，那份愛已經不純粹了。

在愛情中，人心很小，只容得下一個人。他能夠愛上

另一個人就說明你已經出局了，心裡裝著一個人再愛另一個人這種劇情太狗血。

很多影視劇裡經常出現這樣的橋段：兩個相愛的人因誤會分手，為了氣對方，各自找了另一半，並帶到對方面前去耀武揚威，只為了那份不服輸的倔強。當然，這種故事的套路最終都是兩人誤會解開，破鏡重圓。這樣的情節在以前總是很吸引人，好像兩人無論有怎樣的矛盾都抵消不了深情，這也是觀眾越來越不愛看狗血言情劇的原因。

現實生活中，哪有那麼多真正的破鏡重圓？要麼是雙方歸來互相妥協延續感情，要麼是發現人不如舊心懷以往。所以，根本沒有真正的破鏡重圓，裂痕只會隱藏，不會消失。

你願意另一半在和你談戀愛的時候心裡還裝著另一個人嗎？你願意另一半對前任念念不忘、藕斷絲連嗎？

我想沒有人願意。斷斷續續的感情最傷人，即使做不了朱砂痣、白月光，我也不願意去做那塊破鏡。

年少時說喜歡是一件特別含蓄靦腆的事，就像那句告白名句：「今晚夜色真美。」但後來的我們好像越來越不

能坦率真實地袒露自己的內心，說出來的話也九曲十八彎，心裡明明想要的是 A，卻偏偏說自己喜歡 B。不知道從什麼時候起，我們有了太多的言不由衷、口不對心。

你肯定期待過這樣一個人出現，他不用你將心底的想法和盤托出就能明白你的意思，會在你開口之前準備好一切；他的每一個舉動都落在了你的心坎上，就好像一個讀心師，通曉你內心所有的想法。但是隨著年齡漸長，那份期望與人生閱歷成反比增長，你變得越來越失望，最後終於明白，原來那個想像中的人真的可遇不可求。

表達愛，明確愛

我有一對年少相識的朋友，他們在青蔥歲月裡談了一場盛大的戀愛，在彼此最艱難的時候陪伴在對方身邊。在那段時光裡，他們是彼此唯一的精神支柱。但是這段感情，他們終究在中途選擇了退出。

我們都感嘆於這樣美好的一段感情的結束，也欣喜於他們沒有在感情的傷痛中沉淪太久，而是選擇重新開始。

後來他們各自有了歸宿，很難說清是真的放手還是只

是為了忘記彼此。其實，這段戀愛匆匆結束，我們還是略微遺憾，都希望他們能夠在彼此更成熟的時候再嘗試看看，說不定會有不一樣的結局。但是兩人卻都說他們回不去了，因為那些曾經說出口的傷人之語無法收回，他們曾經離開彼此陪伴在另一個人身邊的事實無法改變，中途離開過的感情無論怎樣修補，也再無可能回到最初的模樣。

　　不可否認，每個人生階段或社會時代都有自己的發展軌跡，所以在飛速發展的當今社會，看過那麼多直白地表達心意的方式，我依然懷念多年前那種優雅的含蓄：在心裡輾轉了千百回，措辭了無數遍，到了你的面前，卻只有一句「今晚月色真美」。

　　我們曾經說過太多違心的話，但是我希望你們記得，至少在愛情這件事上，不要摻雜太多口是心非，更不要試圖欺騙自己。我又不是占卜師，非得你懂我的詞不達意，我懂你的言不由衷，坦率一點，痛快一點，灑脫一點，愛情裡從來不需要那麼多彎彎繞繞。

25

縱使結局不如意，遇見即是上上籤

無論你遇見誰，他都是你生命中該出現的人，絕非偶然，
他一定會教會你一些什麼。

♦

或許沒在一起也是不錯的結局

「喜歡或相愛就一定要在一起嗎？」如果這句話在我
二十歲的時候被問，我一定會毫不猶豫地說：「當然要在一
起啊，不然白經歷一場，那些所有喜歡卻不在一起的理由
都是藉口。」

但是現在這個年紀的我，卻不會這麼果斷了。現在的
我明白了喜不喜歡、適不適合、在不在一起、結不結婚，
是不同的幾件事。我以前總覺得只要相愛，一切都不是問
題，說什麼愛情被現實打敗了，只是因為愛得不夠堅定。
現在想想那個時候的自己確實年少輕狂，既低估了現實，

也高估了自己。

什麼時候才會開始明白這個道理呢？當你用盡全力去喜歡一個人卻只換來半生回憶的時候，你就會明白愛情很多時候真的不是非你不可。失去一個很可能攜手一生的人，我覺得是一個人的人生必經之路，而我們需要做的就是做好接受的準備，在它迎頭來時不會沉淪其中、手忙腳亂。

我不喜歡在分手的時候鬧得很難看。無論最後兩人之間發生了什麼，或者累積了多少失望和痛心，你要清楚，曾經你們之間的美好都是真的，曾經立下的誓言、說出的話語在那一刻也是真心實意的，既然如此，為什麼不能在分手的時候也保留彼此最後的體面？既然已經無法在一起，即使勉強也要裝作瀟灑放手的樣子，不要殃及曾經的美好，否則既辜負了這段感情，也辜負了自己。

一段感情，怎樣才算是真的圓滿呢？走入婚姻殿堂？共同養育孩子？還是生同衾死同穴？似乎沒有一個確切的答案。

我們無法用外界的標準去評判一段感情成功與否，所

以現在的我反而覺得，一段感情就算沒有走到結婚這一步，也沒有什麼可遺憾的，至少曾經相遇過、彼此擁有過，這就已經比絕大多數人要幸運了，至少你們在遇見彼此的時候沒有錯過。曾經彼此陪伴、互相扶持，在旁人不知道的歲月裡相濡以沫，在最艱難的時候陪伴在彼此身邊，這樣就已經足夠美好了。

可能最後的你們因為種種原因選擇了分開，那也不必想盡辦法抹去這段過往，或許事過經年，某一天你們還會偶然想起對方，想起這段歲月的美好與心傷，這些都是人生不可多得的際遇，是值得你珍藏一生的回憶。

珍惜遇見的緣分，看淡失去的無奈

朋友小桃曾經用好幾年的時間去苦心經營一段感情，她和男朋友相遇時也是人生老套路，事業剛剛起步，每天風雲變幻，兩人相遇相識、互相取暖，慢慢變成彼此身邊最親密、最信任的人。那個時候他們無論出現在哪裡，都會緊緊牽住彼此的手，臉上都洋溢著甜蜜的笑容。當時作為朋友的我們，深深體驗了一把羨慕嫉妒恨，當然，更替

他們感到高興。

人總是習慣性期待美好的結局，旁觀別人的愛情也是如此。總以為小桃的愛情因為同過甘共過苦，總會求得一個天長地久、不離不棄，但偏偏事與願違，兩人還是沒有逃過分手的結局，且分得並不體面。

拋開分手原因不談，看到他們在分手時撕破臉、芝麻綠豆的矛盾都放上檯面作為「罪證」的猙獰樣貌，讓我們對兩人之前表現出的相愛模樣產生懷疑。兩人最終落得老死不相往來的結局，我們都深深為之惋惜。

後來的後來，我和他們都有過接觸，再談及這段感情，兩人都已經能冷靜提及了。我發現他們倆當時分手，不是不愛了，只是真的沒有辦法再一起走下去。兩人之間除了愛還橫插進了很多現實因素，我從他們身上最為直觀地看到了「愛情並不能戰勝一切」這個道理。

身為朋友的我，覺得兩人無比相配，又是識於微時，相愛的感情本不應該落得如此結局。但是愛情這件事，如人飲水，冷暖自知，外人再怎麼感嘆，畢竟不能感同身受。

或許某一日他們還會想起彼此，想到這段感情中的點

點滴滴，可能心中已無多少波瀾，但還是會慶幸，在那個年紀，他們沒有錯過彼此。無論最後怎樣，那些曾經的甜蜜是真的，美好是真的，愛意也是真的。

泰戈爾曾說過：「你今天受的苦，吃的虧，擔的責，扛的罪，忍的痛，到最後都會變成光，照亮你的路。」

愛情其實是比較簡單的事，喜歡就盡量去愛，即使不能在一起也不遺憾；能在一起是幸運，盡量珍惜這段緣分；不能一起走下去了也不要強求，更不要沉淪，有些時候光是遇見就已經是人生難能可貴的幸運了。

26

我盡力喜歡過，但聚散不由我

此生能夠遇到你並喜歡上你，是我的榮幸。以後的日子裡可能不會再有這樣的瘋狂和刻骨銘心。最後分開我猝不及防，但還是慶幸可以與你告別，並說聲：「對不起，這段時光打擾了。」

既然心不由己，喜歡就去盡力爭取

「將感情埋藏得太深有時是件壞事，如果一個女人掩飾了對自己所愛男子的感情，她也許會失去得到他的機會。」這句話出自英國女作家珍・奧斯汀創作的長篇小說《傲慢與偏見》。

都說藝術源於生活，確實，生活中總會有一些人，將自己的感情掩藏得很好，喜怒不形於色，還能理智、冷靜地處理感情問題。先不要羨慕，這樣的人往往活得很痛

苦，稍微不小心，就容易走向極端，甚至殃及他人。所以，有時候將感情埋得太深未必是一件好事。

很多人一開始對於心動對象的反應都是觀望，他們要確定一見鍾情的心動是否可以發展為日久生情的恩愛，然後在觀察和了解之後再決定要不要開始這一段戀情。這就產生了一個矛盾，因為我認為愛情裡最不可取的就是長時間猶豫不定或是在原地等待。在你默默觀察的這段時間，可能對方就有了自己心儀的人。

如果當時他對你動心過，但是你沒有任何回應，也沒有給出任何信號，對方很可能會以為你對他無意而選擇離開。感情有多經不起試探，就有多經不起拖延。雖然說緣分這種事情確實強求不來，但是你不主動試試，又怎麼知道有沒有以後呢？

曉卡和阿陽在剛認識的時候，社會地位是有些不對等的，用現在的話說就是「女強男弱」，但並不妨礙他們彼此吸引。阿陽因為身分地位等原因，在面對曉卡時一直有點自卑，曉卡很清楚這點，她覺得先天條件既然無法改

變，那就從其他方面尋找平衡。因此在平時的相處中會盡量顧及阿陽的感受，處處凸顯兩人的對等。

後來，曉卡不顧身邊朋友的勸阻，主動追求阿陽，並一直盡力爭取兩人的未來。

曉卡一直覺得，身分有差距沒關係，社會地位有差距也沒關係，經濟有差距更不是問題，只要精神能產生共鳴、情感能發生共情，兩個人就可以生活在一起，只要相愛，什麼都不是阻礙。可是曉卡忘記了，有時候越是小心翼翼，越是凸顯不同。她的那些顧及在現實中滾過一圈後，也沾上了厚厚的汙泥。於是，那些小心翼翼在阿陽眼中漸漸走了味，導致後來兩人之間的爭吵日益頻繁，衝突越來越多。

曉卡知道阿陽依舊很愛自己，但是阿陽讓自己一次次失望也是事實，而且她已經很努力在改變兩人之間的差距，但她還是沒辦法改變阿陽對自己的認知。終於在某一次吵架之後，曉卡下定決心、鼓起勇氣說了分手。

後來我問曉卡：「你還愛他嗎？」曉卡回答：「我到死都愛他，但是我救贖不了他。我怕終有一天我們的感情消磨殆盡，連那句『一別兩寬，各生歡喜』都無法說出口。」

那時我才明白原來哪怕真心相愛，也有許多不得已的理由而不得不分開。你看，在愛你這件事上，我盡力爭取了，但是聚散真的不由我。

不是所有的「我愛你」都能說出口

我覺得人跟人之間的感情頗有些玄學的意味。愛情有時候真的要講究一個天時、地利、人和，早一點或者晚一點，都可能失之毫釐，差之千里。有時候不小心想起過去，我總會感慨，如果我和他早一點或者晚一點遇見，可能結果都會不一樣。

對的時間，對的人，我們可以一起滑雪，一起看海，一起擁有自己的家庭，一起去做很多情侶清單裡的事情；錯的時間，哪怕遇到了那個讓你心動的人，最後大多只會慘澹收場。跨越千難萬險仍能相守的愛情有時只能存在於影視劇中，現實生活裡多的是仍然相愛卻只能天各一方。

不要再問「為何喜歡不去爭取，為何想要不去追求，為何思念不去訴說」，年少時不懂愛而不得，長大了才知

道，事與願違才是生活和感情的一種常態。有緣無分的愛情太多了，愛而不得的感情也不在少數，不是所有的「我愛你」，都可以說出口；不是所有的「我想見你」，都可以去見面；不是所有的感情，都能被尊重和祝福。

所以，當你還能說出「我愛你」的時候，不要吝嗇，盡情說；當你還能想見一個人就能馬上見的時候就果斷去行動。茫茫人海中能夠相遇相知就已經是莫大的緣分，我們每天與無數人擦肩而過，很多人見過一面、說過一句話，便此生不復相見了。

如果真的遇到那個讓自己心動的人，就大膽一點，無論結果如何，別留遺憾。

27

所有大張旗鼓的離開都是試探，
真正的離開都悄無聲息

每失望一次，我就少做一件愛你的事，直到把好友名稱改成全名、取消特別關注、上線不主動找你、收起你送的東西、刪掉你所有的照片、再也不偷偷看你的時候，就是該說再見的時候了。

🌢

我要離開了，而你不必知道

作為情感博主，每當有閨密或朋友在和男友吵架之後來我這裡傾訴或吐槽男友的「種種罪行」時，我都喜聞樂見，且聽且開解。因為我知道，她們之所以還願意傾訴委屈、吐槽對方，是因為基本上沒有什麼解決不了的大問題。反之，才最可怕。那些嘴上總是吵著鬧著要離開的人，大多數都只是雷聲大雨點小；反而那些真正下定了決

心離開的人，往往沒有一點預兆，可能前一天還有說有笑地和你坐在一起吃飯，第二天就悄無聲息地消失了，再也聯絡不到。

感情裡再多的大吵大鬧，或許都有可迴旋的餘地，只有不動聲色、毫無波瀾，才是到了愛情落幕的時候。所以男生需要注意了，在女生還有心勁和你吵、跟你鬧甚至上演「離家出走」等戲碼時，說明她在乎你，試圖用一些她自認為有效的方式引起你的注意，等你挽留。

一氣之下就立刻摔門而出這種任性的行為，只有被愛的人才有資格這麼任性，他能包容你的矯情，也是因為有愛支撐。

前段時間看《如懿傳》，宮鬥情節說來說去也就那樣，自認為早已心如磐石，但在看到如懿和乾隆最後一次相見的那一幕時，不知道怎麼就紅了眼眶。

乾隆準備離開時又轉身回望如懿，心裡有愧有悔但已不知怎麼說出口，而如懿只是淡淡道：「你知道『蘭因絮果』這句話嗎？我年少讀的時候只覺得惋惜，如今卻明白

了，花開花落終有時。」

如懿說話時眉眼間都是平靜，甚至微微帶笑，我卻看得心酸不已。從牆頭馬上到蘭因絮果，他們的愛情早已物是人非。

站在如懿的角度來看，與其說是失望，不如說哀莫大於心死。所以在看到乾隆得知如懿故去前安排好了一切，唯獨剔除了他的時候，看到他滿心愧悔、淚流滿面的時候，我竟然有種卑鄙的快感，遲來的深情比草輕。

故事的開始總是極盡完美，故事的結尾卻都相似的狼藉。失望是一點點累積的，離開也是一個歷時很長的決定。原本是想找一個人共同抵擋風雨，沒想到生活中的風雨全是他帶來的。離開的人不是不愛了，是因為失望累積夠了。失望累積夠了，也該離開了。

真正離開的那次，關門聲最小

看到過這麼一段話：「所有大張旗鼓的離開都只是為了試探，真正的離開從來都是悄無聲息的。真正想要離開

的人，只是挑了一個風和日麗的早晨，穿了件最平常的衣服，悄悄關上門，然後就再也沒有回來。」

　　瓜瓜分手的時候，我們誰都沒想到。她跟阿乖在一起五年，已經到了談婚論嫁的地步，前幾天卻突然跟我們說她分手了。

　　瓜瓜性格陽光開朗，做事認真細緻，操持家務更是有一套，身為女孩子的我們總是感覺誰娶了她肯定福氣滿滿。阿乖也是個充滿活力的人，與瓜瓜熱戀時也體貼周到。總之兩人算是天作之合。

　　不過阿乖年前辭職了，說想自己創業。他本來的專業就是電腦，又酷愛玩遊戲，工作也是遊戲開發，因此瓜瓜還是頗支持他的。可是在阿乖創業的三年裡，瓜瓜眼看著他從開始的勤奮工作墮落到沉迷遊戲、躺平生活，灰心不已。她吵也吵過、鬧也鬧過、談也談過，可是效果不大。

　　這天如往常一樣，瓜瓜下班回到家，看到阿乖一如既往地癱在沙發上玩遊戲，早上出門時請他放進洗衣機洗的衣服還在洗衣籃裡，桌子上、地板上放滿他吃的零食袋子……瓜瓜綰起頭髮，把衣服丟進洗衣機，進廚房為自己

煮了碗麵，坐下來靜靜吃完後，她抬起頭對阿乖說：「我們分手吧。」然後轉身進臥室收拾好東西，離開了兩人準備共度一生的家。

離開的原因是什麼呢？說起來無非是自己腸胃炎犯了，請阿乖去買藥，他卻忙著和自己的兄弟們團戰，還嫌棄她矯情；五一假期說好一起去玩，臨近出發時阿乖卻說忘了訂票，現在票已售完……都是一件件平常看起來微不足道的小事。但也就是這些小事，慢慢耗光了瓜瓜對這段感情的期待。

沒有誰是因為一時衝動而離開的，那些失望的累積，就像堤壩下逐漸因侵蝕而拓寬的裂縫，你看見的只是它崩潰的瞬間。經歷過的人才知道，都是在時間的洗禮中經歷過很多個難熬的夜晚，才能在離開的時候保持坦然平靜。

如果有一天，現在的感情或如今的這個人已經不能讓你感受到快樂和安心，那就不要再糾纏。一段感情到了真正需要離開的時候，不需要通知任何人，真的只是在某一個早晨，在對方仍在沉睡時，拉起早已準備好的行李箱，打開這個住了很久的房子的大門，最後將門輕輕關上。

真正適合你的感情，從來不需要你太懂事；
真正愛你的人，也不會捨得讓你越來越懂事。

28

你別後退了，我不往前就是了

「你這麼主動去追求、去挽留，他怎麼反而退得更遠，跑得更快？」

「所以現在我不往前了，他也不用再後退了。」

💧

相處的時候嚮往隨性，結束的時候總是潦草

因為淋過雨，所以才想為別人撐傘。這次想說一下我和他的故事，希望能給讀者們一些借鑑和啟示。

又一次吵架後，我無比生氣地對他說了分手，語氣強硬，態度堅決。我以為那麼熟悉我的他應該知道，這句分手並不真心。相愛多年，我自信接下來的套路閉著眼睛都能接上，我嘴上堅決地要他走，心裡卻想他趕緊來哄我。

可是這次他頭也不回地走了，我當時還在氣頭上，沒有道歉，也沒有挽留。我總覺得，等我們都冷靜下來，他

還會回來找我，我們之間有這麼多牽絆，不會就這樣草率地結束。可是這次故事的結尾，卻並沒有如我所願，他沒有再回頭。

分開後的一段時間內，我都覺得不真實，總覺得我們之間根本不會這麼潦草地結束。因為我們之前相處，他看起來是真的很愛我，所以我怎麼也不信他會徹底放手。

當然，分手後的刪除、封鎖、斷聯，一步都沒有少，只不過操作的那個人是他，我是被斷聯的人。後來從朋友那裡得知，分開後他過得不錯，甚至身邊已經有了新的接觸對象。

得到消息的那一刻我才終於清醒，他之所以能頭也不回，是因為早就在預謀著離開，不是這一次，也會是下一次。只不過是我這次先說出來，正好給了他冠冕堂皇地離開的理由。也許，他還害怕我會突然後悔，就再也沒有這麼直截了當的藉口。

不得不承認，我高估了自己的感情，也低估了他的算計。

有一種放手叫體面

前段時間一直聽的一首歌叫〈體面〉，我特別喜歡裡面的一句歌詞：「分手應該體面，才沒辜負這些年。」相愛終究是美好的事情，即使分開，也不希望曾經的美好錯付了。如果結局已定，倒不如大大方方放手。

在剛分開時，即使被封鎖，我也在透過各種方式或明或暗地打探他的消息。說我矯情也好，彆扭也罷，我只是不能接受這段感情就這麼斷崖式結束。那些甜蜜的過往、美好的回憶，我都捨不得丟掉。我想挽回，不然也不會在分手之後各種打探，覺得我的行為或多或少會傳到他的耳朵裡，正好給彼此一個臺階。也是從朋友口中得知，他確實知道了我在試圖挽回，但絕口不提再見，甚至有意躲避。

隨著我往前走得步伐越大、奔向他的速度越快，他反而後退得更遠，逃離得更迅速。我開始不知所措，求不得又放不下，我切身感受到了。

知道他已經重新開始的那一刻，我是真的前所未有地心痛，也前所未有地輕鬆，這並不衝突，即使我知道我們

早已經分手了，但我還是需要這樣一個契機，讓自己徹底斷了念想。

我知道咄咄逼人的樣子很醜，也知道糾纏不休的樣子很丟臉，但如果不是真的還愛，誰又會願意委曲求全？

我也是後來才想明白。有些東西注定不是你的，強求不得，感情更是如此。況且，在這個壓力山大的社會，有太多需要我們去權衡和考量的事情，愛情只是一部分，甚至只是一小部分。它可以成為疲憊生活的慰問品，但絕不能成為疲憊的來源。

當我終於正視生活不只有愛情這個事實時，回首再看，那段讓人瘋魔的愛情甚至在我的人生清單裡排不上前三名。還要繼續生活的成年人沒有權利整天把情愛掛在嘴上，因為有太多比愛情更重要的事必須且值得去做。

現在這樣，我終於能徹底放手、不再糾纏，算是留給彼此最後的體面。即使再遇見，我也能大大方方告訴對方：「你以後不用再往後退了，因為我不會再向前走了。」

29

或許換個時間，我們真的適合

於千萬人之中遇見你所要遇見的人，於千萬年之中，時間的無涯荒野裡，沒有早一步，也沒有晚一步，剛巧趕上了，沒有別的話可說，唯有輕輕地問一聲：「噢，你也在這裡？」

或早或晚的愛情都不行

席慕蓉曾說：「在對的時間遇到對的人，是一種幸福；在對的時間遇到錯的人，是一種悲傷；在錯的時間遇到對的人，是一聲嘆息；在錯的時間遇到錯的人，是一種無奈。」我覺得太淺。

王家衛有一句台詞特別經典：「愛情這東西，時間很關鍵。認識得太早或太晚，都不行。」我深有同感。

我也曾長時間地憧憬浪漫的愛情，也曾為愛奮不顧身過，即使結局並不如意，但是南牆這個東西，你不親自撞一下總是不甘心，更何況還有撞了南牆都不回頭的人呢。

茫茫人海，知己尚且難求，更何況身心契合的人，說大海撈針一點都不過分。小部分人運氣好，比較容易找到；大多數人彷彿被月老設下了迷障，尋尋覓覓很久也未必能相遇。

我們總說，要在適合的時間做適合的事情，就像做菜一樣，先放什麼，後放什麼，每一味調料該放多少，都是有講究的。若是不管不顧，再好的材料也會被白白糟蹋了。

愛情也一樣，在恰當的時間遇見恰當的人才可能圓滿。

有人說年少的時候不能遇見太驚豔的人，否則這一輩子都會念念不忘。但現實卻是，我們大都在青春時遇見過一個明知道沒有結果還是義無反顧地動心了的人，然後用好久的時間來淡忘。所以，我一直覺得，在對的時間遇到對的人是童話，可遇而不可求；在錯的時間遇到對的人叫

青春，相濡以沫不如相忘於江湖。

不是不相配，只是相遇的時間不對

我認識的一個女孩木木，在剛剛步入社會的時候就認識了一個非常溫暖的男孩大C，大C和木木很像，性格倔強，好強不服輸，但生活方面卻很細緻周到，很會照顧他人。從基層起步，從低谷走來，一個人太苦，於是他們互相扶持，然後日久生情。

我以為他們會一直走下去，直到感情開花結果，畢竟同甘共苦的愛情總是比其他時候降臨的感情要牢固些。而且作為朋友和旁觀者，我知道這些年木木在這段感情裡傾注了多少、付出過什麼、放棄過什麼。可是，最後兩人還是選擇了分手，原因無他，只是兩人對於未來的規劃產生了分歧：大C想要早點結婚、生孩子，擁有自己的小家；木木覺得趁著年輕，盡力再打拚幾年，未來的生活會更輕鬆、更有保障。雙方僵持不下，最終分手。

現在問起，我只知道，大C在分手一年後結婚生子，過起了大部分人都走著的人生道路，如今孩子已經幾歲

了。而木木至今沒有結婚。我不忍心再問原因，也許是再遇不到如大 C 那樣令她心動的人，也許是她在等待什麼。

他們倆不適合嗎？並不是，只是相遇的時機太不湊巧，對於木木來說相愛太早，對於大 C 來說卻相見恨晚。不管如何，我終究為這段只能在逆境中相伴，卻不能在順境中相守的感情惋惜。

可是，在一切都準備好的時候遇見對的人的機率真的太小了，所以如果你有幸遇到，一定要牢牢抓住，不要辜負。你要知道，你們的這種緣分是多少人求而不得的幸福。

所以，我希望大家都能在對的時間遇到對的人，在那之前先好好愛自己；如果錯過，那我希望你保留一絲渴望，畢竟人生很長，總會再有一個人讓你發現等待是值得的。

30

愛意隨風起，風止意難平

後來才知道，有些感情就像空氣，它安安靜靜地存在時，
存在感並不強，等它轉身離開時，卻能帶走你的生命。

🌢

我沒有忘記你，但我再也無法擁有你

今天在書裡面看到了一句話：「我可以明目張膽地想
你，但是卻不能明目張膽地找你；我可以明目張膽地喜歡
你，但是卻不能再明目張膽地擁有你。」這句話將愛而不
得、忘而不捨的煎熬感詮釋得淋漓盡致。

每段感情結束，多多少少都有些意難平，所以最怕突
然想起一段已經結束的感情。因為分開的那一刻還沒來得
及滿溢的痛苦，卻在分開很久後的某一天突然山呼海嘯般
闖入了你的世界中，令人沒有一絲防備地承接那些拚命想
要埋藏的意難平，那種感覺真的要命。

我曾經看到過一個男性朋友在和前任分手一段時間後的某一天，突然在一次聚會中喝得酩酊大醉，然後痛哭流涕，他哽咽著對我說：「我可能真的錯了。在這段感情裡，不能說她完全沒錯，但是我現在一點都想不起她的不好，腦子裡全部是她的好。分開前，我一直覺得即使分開，以我的性格，總不會成為放不下的一方，因為在這場愛情裡，我每次都贏。可是分開後我才發現，她才是無處不在的空氣，平時沒有存在感，但就是離不開。她教會我愛，又把我慣壞，我還自以為是地心存僥倖。我現在才知道，愛情裡哪有輸贏？兩個人能長久才是贏。我現在終於明白，我還愛她，很愛很愛，只是我明白得太晚，已經留不住她了。」

　　我聽到他說的這些萬分震驚，因為在我的印象中，這個朋友一直是成熟冷靜的樣子，有時候甚至近乎冷漠。他與女友戀愛的時候也沒有多轟轟烈烈，從平時的互動來看，女友對他充滿了遷就和包容。因此，自他與女友分手以來，我覺得他確實過分冷靜，不僅對前任毫無留戀，甚至已經做好了開始下一段戀情的準備。

但是直到這個喝醉痛哭的晚上我才知道，理智如他，原來心裡也藏有一份意難平。

或許所有的分開都會經歷從「我最大的遺憾，是你的遺憾與我無關」的無奈，到「我感覺到幸福，是看到你幸福」的坦然。

意難平不是讓你畫地為牢，而是讓你再次敞開心懷

我看過很多段非常相配的愛情，是那種兩個人站在一起，就會讓你覺得世界美好的感情。但我都會刻意迴避他們的感情動向或者結局，因為我希望他們圓滿，所以怕聽到不如意的結局，怕他們成為我們這些看客心中的意難平。

我之前也說過，愛情想要長久、圓滿，天時、地利、人和真的缺一不可。很多意難平的產生，要麼是相遇的時機不適合，要麼是彼此間距離不適合，要麼是遇到的人不適合。可是，世上哪有這麼多各方面都適合的愛情，只不過是其中一兩方面雙方互相遷就、包容、磨合而成。而就是這需要遷就、包容、磨合的地方，往往成為終結感情的

導火線。這算不算「成也蕭何，敗也蕭何」？

　　不可否認，意難平的愛情最讓人動容。可是，你要知道，意難平不是用來臨風憑弔的，更不是教你畫地為牢的，它應該教會你的是引以為戒，吸取教訓重新出發。我們不可能因為害怕，因為失去過，就不再敞開心懷。

　　成年人要學會並習慣「算了」。時間是治療傷痛最好的良藥，我們總歸要學會放下。人生不過是一趟有去無回的旅行，不要對自己過分苛刻，不然會錯失很多風景，很多時候，缺憾美也是一種美。你可以守著你的意難平，更可以同時開始下一段旅程，只希望有一天想起和他有關的歲月，不曾感到蹉跎。

　　愛意隨風起，風止意難平。有風的地方，從來不缺愛，更不少意難平，但總有一天，山海自有歸期，風雨自有相逢，意難平終將和解。

31

你在計劃著未來，他卻已謀劃著離開

「下一站我們去哪裡？」

「抱歉，之後的路不能再陪你。」

所有的離開都是蓄謀已久

你見過小貓撲抓玩具和獵物的場景嗎？小貓撲抓玩具的時候，姿勢擺得很足，衝擊動作也很浮誇，不過實際殺傷力只有抬爪時的零點五；但是貓抓老鼠的時候，沒有花哨的動作，只是專注地趴臥著，可是老鼠出現的時候，一擊必中，殺傷力十足。

在這裡舉這個例子，是給大家一個具象的說明。在愛情的世界裡，分分合合、走走停停都很正常。但一個決定的實施，絕對不是單純的一時衝動。並不否認，有頭腦一熱就不管不顧的情況發生，但這種衝動下的決定一般都會

有迴旋的餘地，就像小貓玩玩具，實際傷害值很小；只有那種蓄謀已久、做好了充分準備的決定，才是真正的「大絕招」，比如說分手離開。

　　凌晨一點，朋友陌陌打電話和我說她剛跟相戀六年的男朋友分手了。她的聲音有些嘶啞，隔著電話都讓我覺得心疼。

　　他們在一起整整六年，陌陌早就把對方當成了未來的老公，從未想過有一天會跟他分開。男朋友的工作經常有各式各樣的應酬，喝醉是常有的事。所以陌陌不管多晚都等著男友回家，然後煮好醒酒湯。

　　那天晚上，在外應酬的男朋友依舊回來得很晚，他雖然喝了酒，但看起來卻很清醒。陌陌跟往常一樣煮好了醒酒湯端給他，他端起杯子沉吟片刻，然後突然問陌陌：「我們在一起多久了？」

　　陌陌聽後愣了一下，在她的時間規劃中，兩人的下一步就是結婚，男朋友的這一問讓她的心開始躁動，以為守得雲開見月明，於是微笑著說道：「下個月就是我們在一起六周年的紀念日了。」說完滿懷期待地望著對方。

「我們……分手吧。」

陌陌的笑容一下子僵在臉上，她一度以為自己出現了幻聽。她以為他是要向她求婚的，沒想到卻等來「分手」兩個字。

多麼荒唐諷刺，陌陌一直在計劃著兩人的將來，而男朋友卻把她當成一個有年限的備胎，早就籌謀著離開。

我從來不認為一個人的離開是突發事件，任何的結束一定都有跡可循。親密關係裡，想離開你的人，一定是蓄謀已久，絕不是突發奇想。愛上一個人或許可以是突然之間，但是離開一個人，一定是做好了準備，只是找了一個適合的時間說出來而已。

旅行是確認兩人適不適合最好的方式

如果你不知道和對方是否適合，那一起去旅行吧。

在一次單獨旅行中，我遇到一個女孩，她叫小菲。女生之間的友誼總是突然又神奇，只是一句「你的粉底液是什麼牌子的，皮膚好好」就能讓我們頓生一見如故的感

覺。問起她旅行的原因，她說：「只是想確認與男朋友適不適合，如果適合，我想讓關係更進一步。現在旅行結束了，我也做出了決定。」

我看她的神態並沒有喜悅，心裡不禁嘆息一聲。果然，當我還在猶豫要不要繼續這個話題的時候，小菲已平靜開口：「在開始這段旅行之前，我一直覺得我們的感情很快就能開花結果了，因為平時打電話、聊天、吃飯、看電影等約會活動都很和諧，從沒有發生過衝突。但是直到我和他一起出門，才發現我們有多麼不適合。

「據說現在尊重人的最高級別，就是在一起的時候不碰手機，我蠻認同這句話的。我習慣和別人在一起的時候不看手機，因為我覺得如果對方和你說話的時候，你一直在看手機是一件非常不禮貌的事情。但是在我們一起旅行的過程中，他時時刻刻都在看手機，連走路的時候我都像牽著一個盲人，生怕他過馬路的時候被撞。

「我因此提醒過他幾次，可是對方並沒有聽進去，依舊我行我素，不停地滑著手機。不只如此，長時間相處後，我很快發現我們的飲食習慣、旅遊習慣、生活習慣真的有很大不同，之前約會時短暫的交集，這些問題根本不

會凸顯，但這次兩三天的旅行真的讓我身心俱疲。

「所以，現在旅行結束了，我決定要分開。其實他在旅行即將結束的時候問過我，下次旅行想去哪裡。但他不知道，我一路都在做適合度計算，在他計劃著下一次的時候，我已經決定離開。我沒有想過去改變他，因為我沒有干涉別人的生活習慣的權利。」

我聽了她的講述，不知道應該安慰還是應該祝福。有些人可能會覺得小菲小題大做，情侶相處需要磨合，慢慢來總會解決這些問題。但是我想說，在感情中，有些事情可以包容、妥協，但是有些真的不可以。生活也許可以將就、湊合，但感情真的不能將就。

愛情本是一件水到渠成的事情，根本無法強求。

再愛一個人，也要懂得愛自己，不要失去自己。真正的愛情，不會讓你感到很累，你對我好一點，我對你好一點，如此便過了一輩子。

32

「我沒事」這句話掩蓋了所有，
也道出了所有

他若愛你，你可以是任何一種女子。他若愛你不夠，你才需要做一個全能的女子。

撐不下去就別撐了，你又不是傘

有多少人和我一樣，對家人從來報喜不報憂？負面情緒都習慣自己默默消化，在家人面前呈現出來的永遠是積極美好的一面。怕家人擔心，怕麻煩別人，所以即使崩潰，也逞強著對別人說：「我沒事。」

常聽人說，成年人的崩潰，有時候看來不過是因為下雨天打濕了褲腳。有一部電視劇叫《我在他鄉挺好的》，第一集就演了一個叫胡晶晶的女孩在自己生日當天跳橋自殺的劇情。

胡晶晶是一個樂觀開朗的女孩，自己的事情自己扛，為朋友卻能兩肋插刀。這麼一個熱愛生活、樂於助人的女孩，卻忽然自殺，這讓身邊的朋友和親人悲傷又疑惑，因此開始尋找她自殺的原因。後來發現，成年人的崩潰往往就在一瞬間，可能也不是發生了多困難的事，只是突然就無法承受了。

　　胡晶晶在生日這天遇到了很多事，道出了許多在他鄉打拚的人的艱辛。首先是她因為在完成自己的工作以後沒有幫助其他同事完成工作而被公司突然辭退，公司甚至不願意支付資遣費，要她主動辭職。然後是在回家的路上，為了過生日而新換的連身裙被地鐵裡的小孩子弄髒，對方卻連一聲道歉都沒有。還有，朋友租房子被坑租金，她拿起菜刀維護朋友的安全。最後，胡晶晶站在天橋上接了一個電話，迎接她的是劈頭蓋臉的責罵。手機的掉落很難說有意無意，但它瞬間四分五裂的樣子卻真實地擺在眼前。也許手機掉落是壓倒胡晶晶的最後一根稻草，她看著地上碎裂的手機，突然笑了，接著從天橋上縱身跳下。當然，看了後面的劇情才知道，對渣男林睿的愛而不得，才是胡晶晶崩潰自殺的主要原因。

這部劇中，胡晶晶雖然不是主角，但她讓我們看到了生活的不易和在感情中求而不得的絕望。其實她已經足夠勇敢，面對生活的艱辛、職場的不公、感情的挫敗，還能總是笑著說「我沒事」，雖然沒有一次是真的沒事。

這個女孩讓我心疼，她把崩潰都調成了靜音。我很想告訴她，感情永遠沒有你所想像的那麼偉大。為一個值得你付出的人付出是一件讓人欣慰的事情；為一個不值得你付出的人付出是一件荒唐而可笑的事情。

只要是人，總有不堪一擊的時候，所以撐不下去的時候，就別再逞強，無謂的逞強只會讓自己吃盡苦頭、遍體鱗傷。

我其實想說，我真的「有事」

在我看來，「我沒事」表達的意思要麼是逞強，要麼是堅強。被困難阻擋，卻沒被困難打倒，這是堅強。明知不可為而為之，這是逞強。

小時候的家是避風港，父母是依靠。長大後，自己慢慢變成父母的依靠，漸漸地把「我沒事」說成了口頭禪。

其實並不是和父母不能再交心，只是，作為成年人的我們怎麼能「有事」再讓父母擔心操勞？有人認為這是長大後的責任，而我卻覺得許多事都敗在「自以為」這三個字上。你又怎麼知道，父母不是一直在等長大後的你再次對他們說「我現在很需要你們」？

看過一句話：你不用一直假裝堅強，你可以留一個縫隙讓別人去愛你。

無論生活中或是感情中，一個人即使再堅強，也總有脆弱的時候。尤其是女孩，遇到問題的時候總是希望有個人能依靠。人確實矯情，自己一個人時，高燒 39℃ 也能咬牙撐著找到健保卡、掛號排隊、打點滴；有人在身邊時，一個小感冒引起的難受都能讓你覺得委屈。所以，我不羞於承認自己一直在期盼著那個人的出現，能在我需要的時候給我一個擁抱和一副可以依靠的肩膀。我可以做自己的戰士，但希望他能做我的盔甲。我希望在我面帶微笑對所有人都說了「我沒事」之後，能轉身卸下偽裝，告訴他：「抱歉，我現在不 OK。」

其實，說句「我有事」並沒那麼困難，少些盲目逞強，允許自己偶爾的不堅強就可以。人生的路太長，你也不需要一直堅強，偶爾停一停，才有時間鼓足勇氣去面對更大的驚濤駭浪。

33

未成定局的事，就不要弄得人盡皆知了

我從來沒有想過，當時愛得轟轟烈烈，弄得人盡皆知，最後竟然會以這樣狼狽的局面收場。

◆

戀愛不一定要讓「全世界」都知道

年輕時天真地認為，談戀愛就一定要讓全世界都知道。於是社群媒體「官宣」、拍情侶照、分享情侶日常、綁定情侶遊戲帳戶等，想讓全世界的人見證自己的幸福。情到濃時，愛意滿心滿眼，恨不得向全世界宣告：「這個人是我的啦，我終於找到自己命中注定的另一半啦！」於是在社群媒體不斷分享，喜滋滋地看著朋友們紛紛發來的祝賀，心情不是一般的舒暢。

當時滿懷憧憬，覺得我們一定會走到最後，就像影視

劇裡的主角一樣，哪怕全世界都在阻攔，我們也能攜手一生。

但後來發現，真正能成為阻礙的，一半是外來的壓力，一半來自我們自己。慢慢你會發現，現實生活中根本沒有多少人對別人的感情有興趣指指點點，大部分人對一段感情的祝福遠大於質疑。

隨著時間的流逝，當兩人熱情退去，感情開始進行一場場試煉時，分歧開始出現，矛盾開始累積，不滿開始爆發，愛情那層甜蜜的外殼開始出現裂縫並不斷擴大，然後我們終於學會清醒地看待對方，懂得理智地對待感情，可是這個時候，不知道我們已經漸行漸遠到什麼地方了。好吧，只好分手。

我們沒有大聲爭吵，也沒有互相埋怨，只剩疲憊的平靜。在那一刻無比清醒地意識到，我們還是回到原來的位置比較好。於是我們之間的故事到此結束。

我也沒有想到，當時弄得人盡皆知的事竟然會以這樣慘烈的結局收場。當時的我們有多幸福多高調，現在的我們就有多狼狽多潦草。

於是我學會了低調，低調相遇，低調相識，低調戀愛，低調相處，低調吵架，低調和好，甚至於低調分手。終於真切體會到「愛情是兩個人的事」這句話的真正內涵，哦，不，現在或許可以改成：「愛情最終還是我一個人的事，如人飲水，冷暖自知。」

好的愛情其實是一個機率問題

　　我希望每個人都能坦蕩接受「原來這段愛情沒有結果」的結局，不要因為害怕而喪失愛人的勇氣。在一段感情中，真正的悲哀不是你沒愛到這個人，而是當那個對的人出現時，你卻失去了愛人的能力。好的愛情其實是一個機率問題。

　　當我想明白這個道理的時候，我非常難過，但又有一絲複雜的欣喜摻雜其中。難過是因為我明白得有點晚，被大雨淋濕後也不懂得奔跑；欣喜是因為我還有來日方長，且以此為鑑，再不會輕易誤入歧途。所以我至今對愛情仍懷有憧憬，即使經歷過一段刻骨銘心、無疾而終的感情，我依然可以重振旗鼓、無所畏懼地去愛一個人。

但是經歷過「人盡皆知」的愛情後，我不再喜歡將愛情的點點滴滴袒露人前了，最多不過身邊兩三密友知曉。

愛情萌芽是經不起現實的風吹雨淋的，我不想一段感情從內部分崩離析，更難以接受它被外界的評價和阻撓扼殺。我曾經聽一位知名演員說過這樣一段話，她說為什麼有的明星談戀愛以後不願意公開，其實最主要的原因就是怕這段感情還沒有扎根就因外界的種種評價拔地而起了。

愛情在沒有內部矛盾的時候，外面的風風雨雨就是這段感情最沉重的枷鎖。所以，現在即使談戀愛，我也不太在意要不要讓所有人都知道了，兩心相知、兩情相悅比什麼都重要。我不想再談一場開始轟轟烈烈，結束卻狼狽不堪的愛情了，平平淡淡才好。

不論這個世界帶給你多少槍林彈雨，你要記住那些殺不死你的東西只會讓你更強大。我現在並不畏懼這個世界帶給我的傷害，更敢於接受付出後的一切結果。

我相信一定會有一個人，翻山越嶺向我奔來，哪怕晚一點，他也一定會踏光而來。

34
不是所有的感情一定有結果，但一定有意義

「我很感謝我的前前任跟前任，他們一個讓我變成了懂事的女孩，一個讓我變成了成熟的女孩，而我最要感謝的是我的現任，因為他讓我變回了一個小孩。」

💧

愛情怎樣才算開花結果

我一直在思考一個問題：愛情走到哪一步算是有結果？結婚？還是生孩子？還是一起攜手到老？好像走到哪一步都會有下一步，根本沒有最終結果。只能說，人生的每個階段都有每個階段的結果。

我的初戀持續了八年，最後還是分手，很多人問我：「你後悔嗎？早知道你跟他沒有結果，你還會不會談這段戀愛？」

我能理解他們問這個問題的初衷，因為惋惜八年的時

光，人生有多少個八年？但我的回答依然是：「會，再重來千萬次，該我走的路我還是會走。」

其實走到半途，我就有些意識到我們兩個人不一定能走到最後，但是我依然有些不甘心和不捨得，因為我真的愛他，固執地覺得只要我愛這個人一天，就會跟他在一起一天，我們就能多擁有一天的美好和快樂，所以縱使我已經看到了前路的懸崖，我還是想要堅持到墜落的那一刻再分開。

「可是等到墜落的時候再分開，你不會更難過嗎？」

「當然會很難過，但是你不能否認的是，這個人曾經也帶給你很多快樂和滿足。他陪你度過了一段別人沒有辦法替代的人生，不是嗎？」

其實沒有必要每一段感情都抱著一種「沒有結果就算失敗」的想法去談。世上這麼多人，光是每天在大街上擦肩而過的就不計其數，真正能夠走進我們的生活裡，成為熟人、朋友的就那麼幾個，能成為摯愛的更是少之又少，能夠相遇相知就已經是莫大的緣分，能夠彼此陪伴著走一段路則更加珍貴。

你要做的就是，不放過每一段緣分，它來時就痛快地敞開懷抱迎接；不糾結每一次分開，它不得不走時，就瀟灑放開然後逼著自己釋懷；不因於每一次傷害，它或許沒有給你想要的結果，但一定要相信你期待的愛情終究會來。

讓你看到不同的自己就是這段愛情的意義

年少的時候，為賦新詞強說愁。那時的我們，小學、國中、高中，陪伴在自己身邊的似乎都是同一群人，十多年的時間匆匆而過，似乎也沒有費心去經營友情，就這麼一路走了下來。但是長大後，早已識得愁滋味，卻只能欲語還休。終於意識到，有一個人能在身邊陪伴十多年，可以說是生命中不可多得的緣分。

我特別喜歡這樣一段歌詞：「一路上有你，苦一點也願意，就算是為了分離與我相遇。」不是所有的相遇都會有結果，但它一定有意義。所以哪怕我知道我們不會一直在一起，也不會改變我愛你的決定，這只會讓我更加珍惜我們在一起的時光。

《鐵達尼號》這部經典電影中，蘿絲做足了心理準備才有勇氣靠近傑克，哪怕她知道和傑克在一起的自己要面對什麼。因為意外，這段愛情並沒有結果，可是多年後的蘿絲提起這段感情時，始終感謝傑克曾經出現過。因為傑克，她更加清楚自己想要什麼；因為傑克，她看到了自己喜歡的樣子。

　　愛情最重要的意義，從來都不是非得有個美滿的結局，而是因為愛上了對方，自己看到了不同的自己。所以愛上一個人就能白頭偕老，是對愛情該有的期望，但不一定成真。幸運的是，相愛的過程遠比結果更重要，沒那麼計較結果，便能輕易走出分開的心傷。

　　現實生活的變幻莫測讓我更加認清了一個道理：人一定要活在當下，抓住當下。總想著這段感情對未來有什麼幫助或者價值，那你連當下的幸福和快樂都會一起失去。倒不如好好把握現在的每分每秒，感受如今擁有的一切，觸手可及的快樂遠勝於虛無縹緲的期望。

　　我很喜歡一句話：「只要這段關係還是快樂的，那就一定是有意義的。」我們的生活就是由無數無意義的小事件

組成的，每件事都要定個說法的話，生活該是多麼枯燥乏味，倒不如安心感受生活帶來的每一絲變化和驚喜。

35

懂事太累，成本太貴

後來我們才知道，那些脾氣好的人都在受氣，善解人意的都在體諒，會照顧人的都沒人照顧，會哭會鬧的人有糖吃，那些懂事的反而沒人心疼。

懂事並不是愛一個人應有的方式

看過一個影片片段，講述一對情侶的生活日常，讓心硬如鐵的我莫名紅了眼眶。

歡欣和阿木交往一年，周圍人說得最多的話是：「歡欣太懂事了，阿木真幸福。」是的，歡欣太懂事了，能自己解決的事從不麻煩別人，自己逛街，自己搬家，生病了自己去醫院。可是，就是這些懂事的行為，卻成了男友阿木的心病。

阿木在外出差，沒有辦法陪歡欣過生日，於是向歡欣

誠懇地道歉後，用手機傳送了紅包表達心意。結果歡欣很快又把錢退了回來，並說道：「你工作要緊，生日也不是什麼大事，我一個人過也沒關係。」阿木外出參加聚會，別人的女朋友都會打電話來「查勤」或催促，唯獨他，只收到歡欣的一則訊息，特地交代他安心聚會，不著急回家。正逢下班尖峰時段，大雨瓢潑，阿木身邊的男同事通通接到女友或妻子的電話，或讓送傘，或讓車接，只有他收到的訊息是：「雨大，路上開車注意安全。」

　　一次雨夜，歡欣加班到很晚還沒回家，阿木不放心，開車剛到歡欣公司樓下，就看到歡欣正抱著一堆文件頗為費勁地走著。阿木趕緊把車停在一旁，下車幫忙。但他沒想到，歡欣見到他的第一個反應不是驚喜，而是自責，連說：「你怎麼來了？天氣不好，你在家裡等我就好了。」

　　那一瞬間，阿木心疼地看著歡欣，終於忍不住發了脾氣：「為什麼你總說沒事？在我這裡，你不用這麼懂事！」

　　聽完這番話，歡欣驚訝地睜大了雙眼，淚水瞬間奪眶而出。她知道，她終於遇到了那個對的人。

　　懂事的人，大多都存了太多心酸和委屈。她們沉默克

制、堅強忍耐只為不給對方增加負擔。但其實，這並非愛一個人應有的方式。總是希望你懂事的人，往往自己都不會太懂事。真正適合你的感情，從來不需要你太懂事；真正愛你的人，也不會捨得讓你越來越懂事。

愛不是一個人的懂事，而是兩個人的成全。

如果你太過懂事，總是選擇故作堅強，隱藏起所有的情緒，不敢表露出一點脆弱和需求，那結果反而會與你所想要的背道而馳。所以，在感情中，有時候恰當地鬧一鬧也不過分，我希望所有的女孩都有愛人的能力，也有被愛的底氣。

在感情中，你不需要太「懂事」

曾經看過一句話：小時候摔跤，總要看看周圍有沒有人，有人的話就哭，沒有的話就默默爬起來；長大後，遇到不開心的事，也要看看周圍有沒有人，有人就爬起來，沒有就哭。本以為是無稽之談，後來慢慢明白，存在即合

理，每句話的流行都有它的道理。

也不知道從什麼時候開始，成年人開始奉行一個看似成熟但並不理智的規則：任何時候都要掩藏好、處理好自己的情緒，哪怕你前一天晚上還哭得痛不欲生，第二天太陽升起的時候，也要微笑著面對這個城市依舊不變的車水馬龍。

小時候摔跤了、打架了、比賽了，無論結果如何，都會向父母傾訴，年輕時工作了、戀愛了也愛找朋友絮叨，但是現在我遇到事情的第一個反應，再也不是先找個人傾訴，因為覺得每個人都有自己的生活，不想一發生什麼事就拿個喇叭到處喊。總覺得大家都很累，工作很累，生活很累，沒有人有義務去分擔你的負面情緒。魯迅也說過：「人類的悲歡並不相通，我只覺得他們吵鬧。」

習慣真是一件很可怕的事。小時候習慣了自己的事情自己做，長大後習慣了自己的事情自己扛。每個在感情中習慣付出的人，都會變得越來越懂事，也越來越卑微。而對方既然一開始就理所當然地接受了你的好，那相處越

久，你就越不可能得到想要的回饋。

這一生，我們會遇見很多人。有人喜歡你獨立的樣子，有人喜歡你可愛的樣子，可是，只有喜歡你真實樣子的那個人，才可能是陪你走過一生的人。

所以，愛情的世界裡，真的不要太懂事，你不用小心翼翼，更不用委曲求全。愛你的人，不會因為你偶爾的任性而離開；不愛你的人，也不會因為你永遠的懂事而留下。別讓懂事和委屈撐大你的格局，你要讓自己越來越好，才會讓對方對你越來越好。同時記得多笑笑，愛笑的人運氣總不會太差。

CHAPTER 04

愛你總有辦法，不愛都是理由

「一個人如果真的愛你，無論怎樣他都會來找你，說話再難聽，
吵架再狠，刪除多少次，他都不會放手。」

36

他不是不想談戀愛，只是不想和你談戀愛

「他說他現在不想談戀愛，我等得起。」

「你有沒有想過，他說不想談戀愛，其實只是不想和你談戀愛？」

💧

他的戀愛名單裡從來沒有你

總是滑到很多影音平台上那些文縐縐的「戀愛要從一束花開始」、「一次擁抱結束一次等待」等所謂的優雅的「純愛金句」，我對此無感。只有那些沒有真正經歷過感情的人才能將感情描述得浪漫有餘，真誠不足，顯得淺淡又漫不經心。但現實不是抒情，不是演戲，也不能練習。

相鄰的部門有一個女孩叫小瑤，暗戀同部門一個男生已經兩年。兩人平時工作低頭不見抬頭見，說是暗戀，只

是因為沒有戳破那層窗戶紙，但小瑤眼裡的喜歡根本掩飾不住。

大家都知道小瑤的喜歡，唯獨那個男生似乎「直男」屬性過重，說兩人只是普通朋友，自己現在根本無心戀愛，讓大家不要誤會。但就是嘴裡說著這話的男生，卻心安理得地享受小瑤明顯的偏愛，比如每天的早餐、特設的工作提醒等瑣碎事宜。

作為旁觀者，我對小瑤的行為很不理解，也曾私下偷偷問過小瑤為什麼如此執迷不悟，明明那個男生就是在明目張膽地打著朋友的幌子享受伴侶的待遇。小瑤說她覺得「精誠所至，金石為開」，總有一天男生會習慣她的存在，變得不能離開。

理智告訴我，小瑤最終不會等到她想要的結果，但我確實被她天真的執著感動。

一段時間後，小瑤突然在某天下班時向我發出邀請，說想聊一聊。我預感他們兩人之間應該已有結果了，果然，小瑤滿臉憔悴、勉強地牽牽嘴角說：「他有女朋友了，我的自欺欺人終於結束了。我以為他是沒準備好戀愛，原來他是從來沒想過和我戀愛。」

簡單幾句話，不必再細問細說，已能讓人明白一切。我替她難過，又替她欣喜。難過她這麼長時間才放棄撞這面南牆，欣喜她以後應該知道如何不再撞這樣的南牆。

曖昧讓人受盡委屈，找不到「想」愛的證據

曖昧實在是一種令人十分厭煩的狀態，我對此的容忍度幾乎為零。搞曖昧的人，會主動和你聊天、分享日常，還會半夜傳訊息、聊天等，近乎追求的行動一個不落，但是絕不會跟你確定關係。他會和你保持這種聯絡，又不只和你保持這種聯絡。反正每當你想確認你們之間到底算什麼關係的時候，他就會開始打哈哈，把話題引到別處蒙混過關，你根本猜不到他這樣是因為害羞還是因為慣性曖昧。

可能有人會說，愛情就是從曖昧開始的啊。錯，請你搞清楚，愛情是從喜歡從心動開始的，絕對不是從曖昧開始的。而喜歡一個人的表現，則是我會關心你，會想了解你，會認真回覆你的每一則訊息，會關注你的每一個日常。如果一個人真的喜歡你，你是能明確感受到的。如果是曖昧，你就會感覺模糊，搞不清楚他到底是不是喜歡你。

習慣性曖昧說到底還是不想對感情負責，從另一方面說，他不是不想談感情，只是不確定要不要和你談感情。維持曖昧是一件很耗費精力的事，雖然不能將這種不確定性帶來的甜蜜和美好全盤否定，但也正因為這種不確定性，很容易讓人患得患失，甚至產生自我懷疑，長此以往，你在這段得不到安全感的感情裡付出的成本會越來越多，直到不可自拔，迷失自我。這是不是也算一種變相的PUA（精神控制）？

所以，對待一段感情，要麼放棄，要麼認真。喜歡就讓對方清楚地知道，不喜歡就趁早讓對方明白。

成年人的感情，講究一個「非誠勿擾」。愛情和數學答案一樣，要「有且僅有」。

如果做不到，那就請離對方遠一點。女孩們一定要清楚且堅信，真正美好的感情，是明確的愛的體現，能讓你從中得到力量變得越來越好，而不是只有永無止境的拉扯與消耗。

37

愛你總有辦法，不愛都是理由

「愛情真的沒有辦法長久嗎？」

「我只能說，愛你總有辦法，不愛都是理由。」

距離不是問題，愛情又沒學過地理

　　我前兩天參加了一個朋友的婚禮，說實話，我很意外，他們真的結婚了。他倆因為一些原因，一直遠距離戀愛。上一次我問朋友與對方多久沒見面了，她說六百多天，也就是將近兩年。就算這樣他們依然能讓這段時間與空間上的雙重愛情長跑開花結果，說實話，這在當代社會真是難能可貴。

　　在婚禮現場，我聽著他們的心路歷程和愛情宣言，內心極受觸動。他們的結合告訴許多人：距離在相愛的人面前從來不是問題。即使分隔兩地，我也會想方設法去

見你；見不到的時候，會盡可能讓你感受到我的信心和堅持，盡力守護這段不被外界看好又很容易從內部夭折的愛情。

他們在婚禮上說的一句話特別值得細品：「所愛隔山海，山海皆可平。」現在的我們往往更相信「所愛隔山海，山海不可平」。

我們這一代人，都不願意在愛情中投入太多成本，更不願意相信這樣的愛情會發生在自己身上，於是逃避，或者放棄，就像詩人顧城說的：「為了避免結束，你避免了一切開始。」

我覺得造成這種結果的原因，無非是還不夠愛或者根本不愛。真的相愛，會心甘情願想盡一切辦法解決所有障礙，距離根本不配成為分開的理由。

現在能義無反顧奔赴愛情的人真的太少了，可能是因為生活裡的誘惑太多，導致忠誠反而成了愛情裡的奢侈品。兩人即使在同一個城市，都免不了出現各種問題，更何況長久分隔兩地。

別說什麼「距離產生美」，遠距離時間長了，美很可

能消失得更迅速。對於戀人來說，聚少離多歷來更致命。現在的年輕人，更傾向追求速食愛情，一旦覺得相處成本、溝通成本太大，首先就會考慮要不要分開，然後快速投入下一段旅程。

詩人木心的〈從前慢〉裡說：「從前的日色變得慢，車、馬、郵件都慢，一生只夠愛一個人。」現在的我們，即使分隔兩地，真的想要見面也不過幾個小時的距離，奔赴對方所在的城市並沒有我們想像的那麼遙遠。之所以覺得遙遠，是因為心理距離變得遙遠，遠到你沒有膽量和信心去堅持。

悲觀如我，在看到這個朋友的愛情落地開花時，也終於在那一刻相信美好愛情的存在。所以，不要壓縮奮不顧身愛一個人的能力，遠距離戀愛從來不是心意相通的兩個人放棄感情的理由，能讓一段關係走到盡頭，必定是因為沒有那麼相愛。說到底，阻隔「所愛」的並不是「山海」，而是人心。

說結束的人是你，想結束的是他

「你是不是一直在等我說分手？」

「這是你說的，不是我說的。」

「能不能給我個理由？」

「性格不合？星座不合？生肖不合？八字不合……」

「我成全你。我們分手吧。」

「好。」

劇情怎麼突然就脫軌了？這讓我想起那段「心酸愛情」語錄：「愛上他的是我，感動的是我，難過的是我，吃醋的是我，下定決心不理他的是我，主動服軟的也是我，最後，說放棄的還是我。」

結束這段感情，你還在惆悵難過連帶不解，明明開始並不是真心想分手，但好似說著說著就分手了，而且還有這麼多分手的理由。反觀對方，他可能感覺終於脫離苦海，從此可以逍遙自在。

你有沒有想過，有的時候提出結束的是你，但真正想要結束的卻是他。他一直在等著你先提分手，然後再順水推舟。

所有的離開都是蓄謀已久，至於他給出的理由，不過是想為這段無疾而終的感情、為這次蓄謀已久的分開找個藉口。

　　所以，這個時候就不要再追根究柢，他已經迫不及待地答應分手，你說為什麼，不過就是不愛了。真正愛你的人，給你的只有他的妥協、退讓和包容，怎麼會捨得讓你傷心難過？既然他已如此決絕，你又何必「強人所難」？貌合神離的愛情不要也罷。

　　《甄嬛傳》大家應該都看過，當被揭發了一切惡行的皇后跪在皇帝面前涕淚交加地訴說他們過去的誓言和愛意，訴說她為他的付出時，得到的只有自取其辱。皇后再惡毒，對皇帝仍是真愛，但最後也只得一句「死生不復相見」，不過就是因為不愛。所以，當對方的心不在你這裡時，就及時抽身吧，有些東西可以努力爭取，但愛情真的強求不來，你感動不了一個不愛你的人。

　　人可以不被愛，但是絕對不能不自愛，哪怕在這段感情裡你付出了全部，但在你決定離開的那一刻，就全部結束吧。你只需要記住一件事，在感情裡可以輕易放棄你的

人，都是不愛你的。無論他表現出多少不捨，只要能輕易放棄你，那這個人就一定不愛你。

我為什麼不提倡毫無保留、全然依賴對方的戀愛，因為你在愛一個人之前，首先需要保證擁有完整的自己。在遇見對的人之前，學會好好保護自己，他的出現應該是錦上添花，而不是雪中送炭。自己好了，才能好好愛他。

38

愛情有演技，你得有眼睛

「為什麼我總是遇人不淑？」

「因為愛情十分狡猾，它可以演出來，所以你要學會分辨。」

嘀！嘀！嘀！被渣預警已開啟

一個朋友曾問過我一句話：「一直被渣到底是不是我的問題？」我思考了很久，然後對她說：「被渣一次兩次，可能不是你的問題。但如果頻繁被渣，大概就是你的問題。愛情有時候確實有演技，但是你也有眼睛啊。」

說實話，有時候我一點都不心疼頻繁被渣的人，因為我覺得被渣一兩次情有可原，頻繁被渣就只能用願者上鉤來解釋了。

關於頻繁被渣，我總結了一下原因，大致有三種：第

一，付出感太強。有些人陷入一段感情恨不得付出全部，操心程度堪比對方的母親，這很容易讓渣的一方理所當然地享受你的付出。第二，對對方太縱容，使對方的安全感過剩。耳根子太軟在感情中也是大忌，容易失去自己的原則和底線，很難讓對方有危機感。第三，自卑感作祟，總感覺自己配不上對方，所以會一步步包容退讓。不知道這三點戳中了誰的心臟。

看過一句話：既然決定上了愛情的賊船，那就做個快樂的海盜，而不是只能繳械投降，乖乖束手就擒，做愛情的俘虜。

每個人剛開始陷入戀愛的時候，是因為對浪漫心動充滿好奇和期待，在對愛情一知半解的情況下，識人不明、遇人不淑很正常，所以被渣一兩次也比較正常，戀愛經驗也是需要累積的嘛。

但是，在被渣過一兩次後還頻繁被渣就不正常了，因為正常人都懂得吃一塹長一智，一般來說，一兩次的教訓足以教會一個人對愛情變得謹慎，再面對新的感情時，他會多觀察思考，吸取之前的經驗教訓，進而開始成長。如

果一個人頻繁被渣或者反覆被渣，那他確實應該思考一下是不是自己本身存在問題。

鑑「渣」防「渣」筆記

如何防「渣」？看到這個問題，我真的被問倒了，因為我從來沒碰到過渣男。這不是在炫耀，而是我根本不是渣男的菜。我也想過為什麼渣男看不上我，小有心得：渣我的成本太高了。

下面談談我如何防「渣」。

第一，貪圖錢。開始接觸時就涉及錢的情況你一定要小心了。

對於錢財，我比較有原則，所有認識得不夠久的人，我絕對不會與之有任何金錢交易，因為我覺得只要有點腦子的人，都不會與對方認識不久就談錢。無論對方是說有困難需要周轉或者是投資理財，我都不會輕易鬆口。這種沒分寸感的人，光是做朋友人品就不過關，更別談愛情了，如果你真遇到了，能跑多遠跑多遠。

其次是在一起後，兩人在經濟方面如果是 AA 制，你

就要把握一個度了。不是說不能為對方花錢，只是一定要清醒地分辨對方值不值得你花錢。有很多人，尤其是女方，這時候很容易被男方套路。他可能並不是沒錢，只是覺得不值得為你花錢。

當然，這裡不是說女方花男方的錢就理所當然，只是提出一個相對中肯的衡量標準。當代社會成年人的社交有一條無聲的規則：無論關係多好，都盡量不要有金錢牽扯，否則無論你們之前關係有多好，最後都很可能發展成老死不相往來。所以防「渣」，從守護自己的經濟做起。

第二，貪圖感情。什麼叫貪圖感情？腳踏兩隻船？玩曖昧？玩過就分？無非也就是這些吧。

在我看來，尤其對於女孩來說，這些情況很多可以避免。我覺得大多時候，男方心裡想什麼，想要什麼，女方一定能感覺到或看出來一部分。我不敢說所有，但大部分的女生多多少少都具備當福爾摩斯的潛質。

舉個例子，比如男方跟你認識不過幾天，說約你去飯店，你不會真的傻到以為他帶你去飯店是看夜光手錶吧？其實，很多事情之所以能發生，是因為你給了對方機會。

相信我，這不是受害者有罪論，而是有的時候你明明

一眼就看穿了他拙劣的藉口，卻依然願意陪他演戲，甚至為此沾沾自喜。玩曖昧也是，如果只有一個人表演，曖昧根本不能得逞。所以，有因必有果，在被渣的同時，你需要反思一下有沒有給對方可乘之機。

綜上所述，防「渣」這件事說來其實是比較容易的，只要你不是盲目地心甘情願跳坑，總能避過大部分的陷阱。時間就是誠意，想好好談戀愛的男生女生，這個時代什麼都可以快節奏，唯獨愛情不可以。如果他在追你的時候都不願意花時間、花精力，還能指望你倆在一起後他能有多珍惜嗎？別覺得這是物質，這才是現實！

一個真正愛你的人，恨不得把全世界都捧到你面前，他可能給不了你最好的，但是他可以把他的全部都給你，這樣的人才值得託付終身。

39

愛情可以衝動，但絕對不能盲目

翻譯家傅雷給兒子的信中曾寫道：「初期交往容易感情衝動，單憑印象，只看見對方的優點，看不出缺點……感情激動時期不僅會耳不聰目不明，看不清對方；自己也會無意識地只表現好的一方面，把缺點隱藏起來。」

愛情容易讓人衝動，更使人盲目

人們常說，愛情使人盲目，深陷愛河的人，常常會陷入自己的主觀思維中，將愛情幻想得很美好，因而看不到對方身上的缺點，甚至明知是陷阱，也會主動跳進去。

曾經聽朋友說起過她另一個圈子的朋友小安的故事，讓我十分感慨。

小安與男友交往兩年，男友的態度平平淡淡，無悲無

喜，一直是小安在用十二分的熱情維持這段感情。直到男友突然對她說，接下來自己要開始準備考研究所，可能半年的時間不會看手機，這半年兩人就不要聯絡了，等考完再聯絡。

小安真的很相信男友，即使是如此拙劣的理由。她覺得自己確實不應該打擾男友奮發向上，而且半年的時間很快就會過去，她等得起。

你肯定覺得不可思議，這女孩的腦子是不是被驢子踢了？但我只能說小安這個傻女孩，只是愛慘了她的男朋友。

朋友說她曾經明裡暗裡地勸過小安，現在的人有幾個是可以完全離開手機生活的，就算要考研究所，就算不能一天幾個小時語音聊天，但是每天回覆一下訊息、一週打個電話的時間都沒有嗎？難道不出門就不用看訊息、滑動態了？訂外送也不用手機支付了嗎？半年的時間和他的父母親人都不聯絡了嗎？怎麼可能！也許在小安看不見或者不知道的另一個號碼上，他一天八個小時「王者」線上。

但小安鐵了心地相信她的男朋友，覺得男朋友為了考研究所努力奮發，她應該全力支持。故事的結局沒有反轉，更沒有奇蹟，男朋友早就移情別戀了，小安被迫分手。

聽完這個故事，我不禁想起了心理學上著名的「光環效應」（Halo Effect），是說人們在交往中，對方某個特別突出的特點和品性會掩蓋人們對他其他品性和特點的正確了解。簡單來說，就是當我們深愛一個人的時候，這個人在我們的眼中便自帶光環，我們會在主觀思維的驅動下將對方的優點無限放大，從而看不到對方身上的缺點。小安男朋友「努力奮發」的人設真假不論，但不妨礙兩人一個願打一個願挨。

聽朋友說，即使分手了，小安還在找理由為前男友找藉口開脫。聽到這裡，我只能嘆一聲「可憐之人必有可恨之處」，小安的愛確實衝動且盲目。

你真的沒有辦法叫醒一個裝睡的人。感情最講究順心而為，他愛你就總有辦法解決所有阻礙，不愛你就算創造阻礙也會找到藉口離開。總歸還是因為你的盲目卑微給了他肆無忌憚地傷害你的機會。

一個人如果真的愛你，無論怎樣他都會來找你

朋友曉雯曾在半夜打電話哭著問我：「我還是放不下這

段感情，好想他，你說他這麼長時間沒消息，是不是也在等我？」

我聽著她在電話那端壓抑的哭聲，心裡很不是滋味。

女孩啊，聯絡他又能怎樣？是你再次卑微道歉期望他能「大方原諒」，還是能把問題封存然後拋開過往？你清醒一點吧，如果對方還愛你，他怎麼可能捨得這麼長時間不聯絡你？如果他還在意你，怎麼可能在你給了臺階的時候，假裝看不到選擇無視你？哪怕你再自欺欺人，再想破鏡重圓，也不得不承認，你在他心裡已經不重要了，至少沒有你想的那麼重要。他所有的行為都是在告訴你，他已經不愛了。即便你卑微到塵埃裡，他也不會多看你一眼，甚至還會毫不留情地踩上去。

有句話說：「一個人如果真的愛你，無論怎樣他都會來找你，說話再難聽，吵架再狠，刪除多少次，他都不會放手。」

如果一個人愛你，不管你胖瘦、貧富、美醜，他都會和你在一起。不會和你冷戰，最多也是彼此冷靜一些時間，但是絲毫不會讓你感受到隔閡。愛你的人，會愛上並

包容你的缺點；不愛你的人，總是吹毛求疵，雞蛋裡挑出骨頭。

如果他真的愛你，即使你們之間真的有不可避免的問題，他也絕對不會不主動、不聯絡。如果在把能做的都做了，能爭取的都爭取了之後，他依然如此，你也不必自討沒趣，主動和他說句分手，也算各生歡喜。

你永遠留不住一個心裡沒有你的人，也打動不了一顆不愛你的心。所以一個人如果真的愛你，無論怎樣他都會來找你。如果他執意要走，你只需放手，在感情裡可以輕易放棄你的人，他一定不愛你。

40
不是沒你不行，而是有你更好

你來了，我很開心。但是沒有你我也可以過得很好。

💧

愛情不是累贅，而是動力

　　現實中不乏這樣一類人，他們覺得自己離不開愛情，就像魚離不開水一樣。他們談無縫接軌的戀愛，可以迅速從一段感情中走出來，緊接著進入下一段戀愛。

　　我對這類族群進行了一段時間的觀察和思考，總結發現兩種情況：一是這些人不是因為想和對方有開花結果的感情而談戀愛，只是單純地不喜歡孤單，尤其看到別人成雙成對，就更不允許自己一個人，所以有些感覺就可以開始一段感情；二是有些人想藉由談戀愛這件事彌補自己一直以來內心深處對愛的渴求，這對於他們來說不可或缺。

　　我曾經很不理解以上兩種人的行為，後來慢慢發現，

他們往往都有一個共通點：缺愛。

第一種情況的人是天生害怕孤獨，需要人陪；第二種情況的人大多因為原生家庭的影響沒有得到足夠的關愛，以致對愛情充滿期待，拚命渴望從別人尤其是異性身上得到愛來彌補這種缺失，所以只要有就行，無所謂長久。

以上這兩種情況我沒有資格去褒貶。但是我想說，如果你只把愛情當作一種慰藉和依賴，那你的每段感情都是岌岌可危的。

愛情最美好的狀態是勢均力敵，並肩前行，如果一個人總是在感情裡過多地依賴對方，終究會成為對方、成為這段感情的負擔。我們每個人都是獨立的個體，理當在自己的人生路上昂首闊步地前行。

「因為你，我想要變成一個更好的人，不想成為你的負擔，因此發奮，只是想證明我足以與你相配。」這句話是宮崎駿寫在《心之谷》裡面的。這句話告訴我們：

愛情從來不是我們的累贅，而是我們走向遠方的動力。愛情並不是必需的行囊，也許它會為我們的生活增添幾分色彩，但絕不能成為彼此的負擔。

愛情是精神的奢侈品，沒有也行

我可能有一點點精神潔癖，所以始終認為愛情絕不是「誰都可以」。如果這一生有幸可以遇到那個「穿越人海，奔赴而來」的人，很好，我會牢牢地抓住他；如果沒有這份幸運，那也沒有關係，我可以很好地照顧自己。總之，有了他，我的生活會更豐富多彩，但是沒有他，我的人生也要精彩！

我並不贊同「到了一定的年紀就一定要結婚」這句話，從來沒有誰規定到了多少歲就應該結婚，如果要結婚，只能是你遇到了那個「應該結婚的人」。

我對結婚這件事的看法就是不要恨嫁，不要焦慮，如果能夠遇到那個可以與你組建家庭的人，就勇敢地牽手走下去；如果沒有遇到，也不要在家庭和社會的壓力下草率做出選擇，畢竟是要和你一起度過餘生幾十年歲月的人，誰都無權干涉你的選擇。日子是自己過的，千萬不要將就湊合。

前段時間有一段話被廣大網友洗版：結婚不等於幸福，單身也不意味著不幸福，我們出生就是一個人，最後

也不可能同時離去，愛情是精神的奢侈品，沒有也行。

當今社會女性意識越來越強，結婚生子已經不是女性的首要選擇。之前嚮往戀愛結婚，是需要一個支柱，希望有人能為自己遮風擋雨。但現在越來越多女性不僅上得了廳堂下得了廚房，還貌美如花又能賺錢養家，這樣的情況下，戀愛結婚生子反而成了自在生活的牽絆。既然如此，為什麼要找個人來讓自己難受？

「有情飲水飽」的話在當下已行不通，再缺愛也不要把戀愛對象當作人生的救贖者，能救你的只有你自己。現實生活中沒有那麼多王子與灰姑娘的故事，童話裡都是騙人的，我們大多數人都只能做自己的騎士。

所以，我的生活從來不是沒你不行，只是有了你更好而已。

41

有心者不用教，無心者教不會

「你教教他，慢慢地總會好的。」
「我已經沒有時間和精力再去陪一個男孩長大了。」

🌢

愛情只與對的人有關

　　姐弟戀一直是愛情中的熱議話題。我覺得姐弟戀沒有絕對的好壞之分，有很多姐弟戀修成正果並生活幸福的事例，也有很多相戀多年卻無疾而終的事實。我一直認為，愛情與年齡無關，只要他們沒有違反法律、人倫、道德，我們就沒有理由指指點點甚至干涉。

　　很多人覺得姐弟戀不可靠，是覺得男方的心理年齡一般比同年齡的女方小，在戀愛中男方的行事作風會不成熟甚至略幼稚，或者說不懂應該怎樣談戀愛，這就需要女方花很長時間等待甚至陪伴這個男生長大，但是等他「出

師」了，兩人之間卻未必有女方想要的結果。人的一生，尤其是女性，又有多少個這樣的時間去教會一個人愛，等待一個人成熟呢？

三毛曾說過：「如果一段感情要淪落到女人去教男人怎麼做，怎樣愛她，她才會有安全感；怎樣哄她，她才會開心，那這段感情注定是失敗。」

我只想說，陷入愛情的雙方，在很多事情上都能無師自通。不要總用學不會、不開竅當藉口，有心的人不用教，無心的人教也教不會。在現實裡，有心的人能發現很多容易被人忽略的細節，他們會照顧你的感受，讓你擁有被重視的感覺；無心的人，即使你將正確答案放在他們眼前，他們也裝作不懂。其實，他不是不懂，只是不想懂。

大家都是第一次談戀愛，還不都是摸著石頭過河，慢慢摸索。所以戀愛不必有人教，依靠本能，走著走著、談著談著就會了。

想要駕馭愛情，可能還真需要一點天賦，但大部分還是要靠後天融會貫通。還是那句話，不要用不開竅當沒有用心的藉口，遇到了那個對的人，你本身就能無師自通。

別把愛情當成一門學科

法國作家雨果在《笑面人》一書中曾說：「愛情離開了幻想，好像人沒有糧食一樣。愛情需要熱情的培養，不管是生理上的愛情也好，精神上的愛情也好。」我理解這句話，是說愛情是精神層面的東西，脫離了幻想，便不能感受到愛情最美好的樣子。說得再白話一些：無論從生理上說還是精神上說，愛情都是不可控的。

現在有很多愛情專家都開始開班授課，可是我想說，愛情從來不是一門學科，它沒有詳細的理論基礎，能分門別類說出個一二三四。當你遇到了那個人，自然一瞬心動，一念生情。用特別俗氣的那句話來說，看到他的一瞬間，你連孩子的名字都想好了。有了這份用心，即使後面遇到困難、阻礙，你們也會一起商量，一起努力解決。愛情本身就能讓人成長，從少年青蔥到成熟穩重，又何必別人來教呢？而對於那些「裝睡」的人，你就算請專家天天一對一教學，他也會懂了裝不懂，只是不想懂而已。

曾經看過一段姐弟戀，女方多次隱晦地表達想要和男

方結婚的意思，男方卻每次都以打哈哈的形式敷衍過去，要麼就笨拙地轉移話題，女方以為是對方沒有理解她的意思，還在一遍遍不厭其煩地明示暗示。

直到分手的時候，男方無所顧忌地吼她：「不就是你想結婚我沒答應嗎？因為這個你就要跟我分手？」女生一瞬默然，原來從始至終他不是不懂，只是不願意懂罷了。分開的原因也很簡單，他改不了，你忍不了，未來還長，實在難熬，僅此而已。

女孩們，不要總覺得對方是愛情小白，是需要你教才能會的巨嬰，他如果足夠愛你，真的想過和你有未來，徐志摩在他面前都得甘拜下風。他如果沒有想過和你一直走下去，就是把福爾摩斯的智商分給他，他都會說自己一竅不通。

愛你的人只怕給你的不夠多，不愛你的人只會嫌你要得太多。真正愛你的不用教，不愛你的永遠也教不會。

42

有人選擇歇斯底里，有人選擇沉默不語

確定對方不會離開，這是安全感；確定自己不會離開，這
是歸屬感；雙方都確定對方不會離開，這是幸福感。

♦

與其歇斯底里，不如沉默不語

有人說，相愛的人共處的空間一定是熱鬧的，嬉鬧也
好，歡笑也好，爭吵也好，一定是有聲音的。而一段戀情
走到盡頭的時候，場面一定是沉默的、無聲的，像一幕幕
無聲的黑白電影，失去色彩，失去聲音，失去溝通交流的
熱情。

有一個朋友，每次和她的男友吵架必定歇斯底里，鬧
得人仰馬翻、雞犬不寧，那幾天她的所有朋友無一例外會
收到她對男朋友的各種嫌棄和吐槽，大有要把分手這件事

昭告天下之意。但是每次不到一個星期，兩個人又如膠似漆地一起逛超市、回家、做飯了，甚至還會特別有儀式感地宣告吵架結束，請所有朋友一起吃飯。作為朋友的我們曾經開玩笑地說：「你們這架吵得真是又費耳朵又費錢。」

　　一段時間不見，我約她出來逛街，她卻說已經離開了這座城市。我很震驚，因為她最近確實沒有任何消息，離開得悄無聲息，甚至連我們這群朋友都沒有通知，這可一點都不像她平時與男友吵架分手的架勢。

　　後來她告訴我，真正提出分手的那天晚上，她無比平靜，早就已經厭倦了無止盡地爭吵，厭倦了他每次的據理力爭，厭倦了每次吵架後，無論對錯都是她主動低頭的場景。於是男方還在客廳裡喋喋不休地「講道理」的時候，她則轉身平靜地走進臥室開始收拾行李，第二天一早悄悄離開，再也沒想過回頭。

　　這次，她沒有和我們提起關於他們吵架和分手的原因，她只是平淡地說：「沒有具體的為什麼，只是那天晚上我們再一次發生爭吵時，我突然就覺得累了，再提不起精神吵了，只想趕緊結束這一切。以前覺得吵得再凶都不會分開，現在無話可說反而能平靜離開，真是諷刺。」

還願意聲嘶力竭地爭吵，說明你們還是很在乎對方，願意為對方花費時間與精力。但如果有一方開始變得沉默不語，無論你怎樣爭吵甚至謾罵，對方都無動於衷時，那就意味著這段感情可能真的走到了終點。

　　所以，如果一段感情從歇斯底里變成沉默不語時，就痛痛快快地分手吧，不要逞什麼口舌之快，畢竟一起走過一程，開始時高高興興地擁抱，那結束時也體體面面地離開吧。

爭吵是感情中避不開的話題

　　不得不承認，爭吵是每對情侶都避不開的話題，沒辦法提前預防，更沒有好的後續處理建議。對於許多人來說，也許只有把架吵明白了，戀愛才能談明白。其實，吵架也是一件需要技巧的事，哪怕在氣頭上，哪怕再想摔門而出，你也要想清楚，你捨不捨得離開，你們還有沒有繼續下去的可能。如果答案是肯定的，有些事千萬不能做，有些話千萬不能說，做不到「良言三冬暖」，也不要「惡語六月寒」。

我並不提倡用吵架的方式進行交流，但也知道這在戀愛中不可避免。不過，有時候這種方式確實能讓雙方發洩一下累積的情緒。不是每個人都有同理心，也不是每個人都能理智地換位思考，爭吵既然不可避免，不如就適當釋放。所以，既然要吵，就盡量不要白吵。

　　情侶吵架，只要不涉及原則問題，不過都是一些雞毛蒜皮的小矛盾。戀愛中大多數問題都沒有絕對對錯，拋開不理智的胡攪蠻纏，就事論事，很多事你退一步、我讓一下都能輕鬆掀過。雙方如果能多一些忍讓、體諒和包容，不僅能讓問題得到很好的解決，關係也會更進一步。畢竟，在一段戀愛關係中，你喜歡上這個人可能是因為他的優點，但是能包容他的缺點才是真的愛他。

　　另外有一點需要切記，爭吵後不要總是同一個人主動低頭，也不要認為低頭認錯的一方就真的錯了。愛情是互相的，是需要雙方共同經營的。如果只有一方在承載錯誤，那總有超出負荷的一天。

　　總是低頭，總是看不到你的遷就，對方也會開始對感情失去信心。一段好的感情，身處其中的時候，雙方是不

會去計較很多事情的輸贏和對錯的，雖然每個人看待問題的角度不同，也會有不同的出發點和結論，但最重要的還是學會怎樣更融洽地相處，怎樣讓雙方的感情更進一步。

還有一種無效爭吵則需要引以為戒。這類爭吵，在問題出現的時候，雙方一般都會把問題全歸咎於對方，目的不是解決問題，或者本來目的是解決問題，不過中途跑偏了，非要爭個輸贏對錯。輕則覺得對方不講道理，重則產生厭倦甚至是厭惡的心理，結果就是兩人之間產生嫌隙。

其實，開始產生這樣的想法的時候，就說明兩人之間的感情已經不是那麼牢固了。隨著爭吵次數的增加，你們之間的嫌隙只會慢慢擴大，直到全面爆發。這樣的爭吵除了慢慢消耗原有的感情，唯一的意義就是證明你們真的不太適合。

所以，既然吵架不可避免，那就做個聰明人，把爭吵變成一種有效的溝通方式。該出手時就出手，該放手時就放手。相信我，放手後，你也許能走得更遠！

43
他不會因為你委曲求全就加倍珍惜

「我可以為了你改變，你能不能繼續喜歡我？」
「不愛了，你再怎麼改變也無濟於事。」

◊

拖延是比出軌還深重的惡意

　　我覺得在感情裡面最大的惡意不是出軌，而是拖延，就是明明不喜歡了，但是也不想輕易分手。我猜想這些拖著別人的人可能都有這種心態：分手可以，但自己不能主動提分手，不然別人會覺得自己是這段感情裡的壞人。

　　但我不明白的是——這裡呼叫那個被拖著的人：「他不愛你的樣子你難道看不出來嗎？你裝聾作啞地繼續這段沒有意義的關係有意義嗎？還是你覺得有機會讓他重新愛上你？」

　　別幼稚了，只要你還在他身邊一天，你們的愛意就只

會多消耗一點，直到成為最熟悉的陌生人。

　　小南和阿文剛結束一段五年的戀愛長跑。在我的印象裡，小南本是一個脾氣火爆的女生，但獨獨為阿文收斂了大部分銳氣，盡可能變成對方喜歡的溫柔體貼的樣子。不過她也是一個原則性很強的人，大部分問題都可以妥協、包容，但有些觸底問題她也不會縱容，比如出軌。當時因為這個原因，我曾私下打趣小南：「你這麼愛他，萬一有天他真的犯了不可原諒的錯，你可別深陷泥淖不可自拔啊。」

　　之所以開這種玩笑，我藏有一份私心。我不能說旁觀者清，但我一直覺得阿文沒有小南愛他那麼愛對方，看著小南那麼努力地迎合阿文的喜好，我很擔心。小南鋒芒已斂，對感情的掌控會變得很難，我怕她到時候陷入兩難，迷失自己。

　　沒想到一語成讖，阿文終究沒有躲過誘惑，還是出軌了。可惡的是，他不肯主動提分手，一直在等小南先開口。

　　我以為以小南眼裡不揉沙子的性格，阿文做出這種事，她總不會傻到選擇原諒，還要繼續走下去吧？萬萬沒想到，曾經意氣風發、脾氣暴烈的小南，竟然真的主動選

擇原諒，為了留住他，幾乎有求必應，甚至放棄了自己一直堅持的原則，只是因為還愛。

我直覺即使原諒，兩人也不會走得太遠。果然，建立在一次退讓之上的感情，只會出現第二次、第三次……第無數次妥協，直至一方徹底退出。而這個人，是小南。

我再次見到小南的時候，感覺她從身體到精神上都輕飄飄的。她紅著眼眶，嘴唇微顫：「我還是留不住他。我以為我的妥協和包容能讓他回頭，但我低估了他的狠心，高估了自己的決心。怪我心存僥倖，以為拖著總能塵埃落定。可是現在的我，已經不知道怎麼找回之前的我了。」早已經預料到的結果，卻沒有辦法阻止其發生，我確實有些灰心。

人是一種矛盾的動物，信手拈來的東西往往不會珍惜，期待已久的事物才會倍感珍惜。愛一個人沒有錯，為愛付出也沒有錯，感情不是能輕易掌控的東西，你想及時止損，但心不答應。所以，在感情中要學會乾脆，千萬不要畫地為牢。

好好愛自己，才是美好愛情的開始

戀愛談久了，許多女生都慢慢忘了一點：想要得到對方的偏愛，首先要有值得被偏愛的價值。生活中常會碰到一些女生，她們不願意承認男朋友本身存在的一些問題，盲目地否定這些問題來維護男朋友的尊嚴。我能理解，但不贊同。

在我看來，這些想法和行為過於「戀愛腦」。更奇怪的是，通常這些女生的戀愛對象，在感情中對女生都不是那麼用心，從這些男生的一舉一動中，你看不到他們對伴侶的真心喜歡。

我不能確定女生是真的沒有察覺對方的不在意，還是自欺欺人裝作沒有察覺。如果是前者，我有些惋惜；如果是後者，我只剩同情和怒其不爭的無力。你這樣做能換來什麼呢？他的在意？他的珍惜？都不會，男生不會因為你的委曲求全而尊重你，他只會變本加厲地看輕你。不要奢望一個男生會因為你的委曲求全做出改變，他的父母都沒做到的事你憑什麼覺得自己能做到？

身為女性，千萬不要在一段感情裡過分放低自己，你在原則上退了第一步，就會有第二步、第三步，你以為是在感動他、包容他，其實是在縱容他、放任他，他並不會因此感到愧疚或幡然醒悟。

如果一段感情已經需要你放棄自己的尊嚴去維護，那這段感情必然已經漏洞百出，對方不會因為你的委曲求全就倍感珍惜，他只會覺得你越來越廉價而已。

女生們一定要記住，一段好的感情只會讓你變得越來越好，會讓你感到被愛、被需要、被呵護，而不是無止盡地犧牲自己。追求愛情本身沒有錯，但沒有一種愛值得我們委屈自己。你的委屈和犧牲並不是愛，而是在變相地索取他人的愛。

想要擁有真正的愛情，你要先有愛自己的能力，學會尊重自己，尊重自己的感受，尊重自己的勞動成果，尊重自己的價值。你要讓自己變得很「貴」，並由內而外散發出一種「你不珍惜我，我就會走」的氣質，而不是「你越是忽視我，我就越是要想方設法地讓你在意我」的矯情。

男人從不會珍惜急著對他們好的女人，真正能吸引他們的，永遠是你內在的價值。

去找一個在他的世界裡你永遠是例外的人吧，
希望你能成為他的偏愛、首選和例外。

44
愛你的人生怕給得不夠，
不愛的人總嫌你要求太多

「我男朋友家裡條件不好，他覺得聘禮可以緩緩，我覺得
也沒關係。」
「你可以不要，但他不能直接說不給。」

我看重的是聘禮嗎？

結婚開始提上日程，最常拿出來討論的話題就是聘
禮。以我為例，如果我的男朋友家裡條件不是很好，我會
考慮不要聘禮，但是，這個條件達成得有個先後順序，是
你要給我，我不要，而不是你說「可不可以不給」。因為
我看重的不是聘禮本身，而是你對我、對這段婚姻的態度
和誠意。

很多父母並不是真的貪圖男生的聘禮，而是想看看自

己的女兒在男生心裡價值多少，想知道對方有沒有為了自己女兒去拚一把的勇氣。男生的責任和擔當，就是體現在願意為他們的女兒負擔一生，哪怕他現在沒有那麼多錢，也會盡全力去籌到這筆聘禮做保障，這是他的心意，也是誠意。經濟條件不好不是理由，「現在借錢湊夠聘禮，婚後兩人也要一起還債」也不是藉口，反而他這些博取同情、討價還價的手段，不僅會讓女方的父母心寒，也會讓女孩覺得你對兩人的婚姻並沒有那麼堅定和渴求。

再退一步說，女方因為愛你，理解你的做法，體諒你現在經濟條件沒有那麼好，也會說服自己不要介意，但這不是你退縮逃避的理由。婚前你的態度都這樣敷衍，婚後無論因為什麼起爭執、摩擦，舊帳總有翻到「聘禮篇」的時候。

所以，聘禮有時候是一顆深埋的雷，隨時都有爆炸的可能。但它更多的時候是一種象徵，代表女方在男方這邊的地位，代表女孩在男孩心裡的位置。

現在聘禮問題在很多網路平台上都掀起了輿論風暴，討論的中心點無非兩方面，一是結婚的時候女方應不應該

要聘禮，二是聘禮要多少才比較恰當。

我的觀點是，聘禮必須得要，女方有放棄的權利，但男方沒有不給的權利。這份聘禮不單單是金錢，它更是男方和他的家庭對於女方和她的家庭的承諾。

但是聘禮要多少就可以具體問題具體分析了。如果男方條件允許，那自然皆大歡喜；如果男方條件確實不允許，雙方協商後可以量力而為。可以少，但必須有。

雖然我不能給你全世界，但我可以給你我的全世界

我並不認為女生要聘禮是一件物質的事情。

現在很多家庭都是獨生子女，而且家庭條件都不差，兩個人既然決定了要在一起組建一個家庭，就不可能只是一個家庭的單方面付出。這份聘禮表面上是男方家裡出錢給女方的保障，但是最後這筆錢一般都是給兩個人婚後的小家庭當作保障的。而且現在買房、買車不也都是雙方家庭一起出錢嗎？買房子還的房貸不也是雙方共同承擔嗎？既然如此，又何必說聘禮是「封建舊俗」？

如果你真的愛她，又何必在這件事上斤斤計較呢？

同事糖糖身邊有一對即將步入婚姻的愛侶，男方在結婚前就和女方保證得明明白白，結婚時聘禮按照習俗一分不少，婚後不需要跟公婆住，過年輪流去彼此的家裡過年，並且生孩子這件事由兩人決定，不受雙方父母干涉。

　　這個男孩把他所能想到的婚後關於兩人生活的點點滴滴都白紙黑字寫了下來，交給女方和她的父母，女孩子非常感動，問他怎麼會想得這麼周到。男孩子說：「你的父母把你捧在手心裡寵了這麼多年，我生怕你到我家來會受委屈。」這句話讓多少女生羨慕加淚目？

　　雖然我不能給你全世界，但我可以給你我的全世界。愛你的人生怕給得不夠，不愛的人總嫌你要求太多。

　　愛你的人不用你督促，他恨不得把全世界最好的都捧到你的面前來。不愛你的人，你多說一句話他都嫌囉唆。

　　所以女生在決定結婚之前一定要慎重再慎重，所謂終身大事，也是終生大事，不是頭腦一熱就可以拍板決定的事。婚前你要顧及的只有對方，但婚後，他的家庭、他的家人你都要納入考慮範圍。

戀愛時可以花前月下，結婚後大部分生活都是柴米油鹽醬醋茶。不要覺得感情談錢就世俗，很少看到哪對「貧賤夫妻」能無所顧忌地當「神仙眷侶」。

　　現實生活就要回歸現實，不要對生活諱疾忌醫。有了充足的經濟基礎，你們才能在婚姻路上少一些艱難和阻礙，多一些容易和輕鬆，這條路才能走得更久更穩固，否則生活的重擔都足以拖垮你對婚姻的美好幻想。

　　所以，婚姻談錢不是物質，是實在，是未來你們的小家得以乘風破浪、一往無前最重要的基礎。

45

一張愛你的嘴，一百個不愛你的細節

如果一個男人說愛你，等他真正懂得細心照顧你了再相信；如果他說帶你去旅行，等他訂好機票、做好攻略再開心；如果他說要娶你，等他買好戒指求婚再感動。

💧

不要做語言上的巨人、行動上的矮子

有句話說：「男人的嘴，騙人的鬼。」這樣說可能對男性不太公平，但的確經常是實話。許多情況下，男人的甜言蜜語是這個世界上最不可信的東西，他在喜歡你的時候愛語信口拈來，行動無師自通；不喜歡了，和你說話都嫌麻煩。這是一直以來男性作為主導的愛情常態，是男性的優越之根，女性的卑微之源。

客觀地講，女性之所以對男性失望值頗高，是因為男性對女性畫餅充飢、讓她們望梅止渴的事例太多，當男生

對女生說「你負責貌美如花，我負責賺錢養家」，實際上可能希望女生「上得了廳堂下得了廚房，買得起車房打得了流氓」。

人總是容易活在夢中，尤其是陷入戀愛的女生，那些甜言蜜語男人敢說，女人敢信。但嘴上的萬千承諾永遠抵不過親自端的一杯水、做的一頓飯。成年人的愛不會輕易再掛在嘴邊，真的愛我，看你表現。

朋友阿語戀愛的時候總是私下和我吐槽男朋友阿亮的粗心，但中途又轉而說起他的體貼，最後總結：「他對我真的很好。」看著她每次都滿臉甜蜜的神情，我有些不忍心戳破她。因為從她的多次訴說中，我覺得阿亮只是很會花言巧語地哄她，並沒有多少實際行動讓人覺得他愛她。終於在又一次她「秀恩愛」的時候，我忍不住向她提了幾個問題：

「你男朋友在節日的時候會送你禮物嗎？」

「會啊，他儀式感還是挺重的，就是偶爾會忘記。」

「你上下班或出門的時候他經常接送你嗎？」

「剛開始的時候是，後來我怕他太累，就不讓他接送

了。」

「你們平常吃飯都是誰付錢？」

「一般都是我，他還有父母要養，經濟上緊張的時候比較多嘛。」

「那天咱們一起吃飯的時候，我看他點了好多辣菜，不辣的只有兩道菜。他知不知道你不能吃辣？」

「知道是知道，就是總是忘記，不過兩道菜我也夠吃了。」

「你生理期難受的時候，他都會做些什麼？」

「呃，要我多喝熱水……」

「他肯定看到過你喝黑糖薑茶吧，有沒有主動為你泡過一杯？」

「……沒有，但是男人都不會太注意這些小事吧？」

「那他知不知道你來月經的日子？」

「……」

「你看，你常說他粗心，可是每個月重複發生的事，就是動物也早練出條件反射了，但他依然不清楚。你說他體貼，可是你難受的時候，他都不會端杯水照顧你，只有口頭上的『多喝熱水』。我是不太清楚你說他對你好到底

好在哪裡，從你的話裡，我只聽到了他的許諾，但實際的行動卻沒有幾次。」

阿語聽了我說的話，先是愣住了，然後習慣性地為阿亮辯解：「他也不是不知道，只不過他是男人，對女生一些私密的事……」也許是我看著她的眼神有些憐憫，也許是她自己也感覺有些說不過去，所以她的說話聲慢慢弱了下去。

我不願去想他們最後會怎樣，在旁觀者眼中，阿亮明明就是想心安理得地享受阿語對他的細緻照顧，不能說沒有喜歡，但確實沒有多喜歡，畢竟動動嘴皮就能被洗腦的阿語確實比其他精明的女孩好糊弄。正是從他們身上，我深刻地理解了什麼叫「長了一張愛你的嘴，卻有著一百個不愛你的細節」。

愛情裡的細節最動人

社會閱歷越來越豐富，見識的人越來越多之後，我反而更加欣賞那些少說多做的人。他們可能不善言辭，但實際行動從來不會缺席。他可能會默默記下你的生理期，在

日子快到的時候叮囑你不要吃冷受涼。他會記下你的口味喜好，出門吃飯的時候不忘盡量遷就。在你穿著高跟鞋出門的時候，他會提前備好一雙平底鞋，隨時準備在你腳痛的時候幫你換上……

年紀越長，我越覺得這樣的人才是真正有魅力、可以依靠的人。他可能永遠學不會嘴上討巧，但是他會把你所有的細節都刻進他的生活中，把愛你、照顧你變成本能。細節決定成敗，戀愛也是如此。

在平常生活中，真正能打動人的從來不是你說了多少好聽的話，而是在每一個細節中你能給我多少安心的能量，讓我可以感受到你的愛意。雖然都是些細枝末節的事情，卻也是最能展現愛意的地方。

我從不相信一個每天說著愛你的人，卻連你喜歡吃什麼、不能吃什麼都記不住，就像我不相信一個出門連橡皮筋都幫你準備好的人心裡會沒有你，前者只能說明他真的不愛你，後者說明他真的在乎你。愛一個人的時候，要用眼睛、用心去看、去分辨他做了什麼，而不是光聽他說了什麼。

真正的愛，不是藏在甜言蜜語裡，而是藏在平凡生活的每個細節裡。點點細節堆積起來的生活，才是愛情真正的樣子。

46

愛應該是寵愛，是偏愛，是首選，是例外

愛情裡沒有一視同仁，我想要的是你的例外和偏愛。

💧

我需要的是你世界裡的綠色通道

問：「女生在愛情中最需要的是什麼？」

回答五花八門，有說需要陪伴的，有說需要儀式感的，有說需要安全感的，還有說需要金錢的，但更多人的答案是「偏愛」。

「一視同仁」在愛情中是致命的存在。赫曼‧赫塞在《堤契諾之歌》中寫下：「如果有一天，我明白了什麼是愛情，那一定是因為你。我喜歡你，眼睛像你不行，聲音像你不行，不是你就是不行。我只知道，我歷經波折燃盡悲歡。不管下一刻是撞上冰山，還是跌入深淵。好不容易才遇到的你，我一定會抓緊你。」這段話精準地道出了愛的

內涵：非你不可，只能是你。

我身邊有個男性朋友，從來不分享他和女朋友的日常，在他的世界裡，兄弟比女朋友享有更多特權，比如和女朋友的約會會因為兄弟的籃球邀約而隨意取消。

對於這樣的男生，我在剛剛了解他時便疏遠了。我感覺這樣的人，要麼根本不知道「男女朋友」和「男性朋友、女性朋友」的區別，要麼對女朋友不太在乎甚至就是不在乎。

你之所以會選擇和一個人開始一段戀愛，就是因為這個人在你的世界裡具有特殊性。愛情是始終如一也是始終唯一的。真正愛一個人，應該在自己的世界裡永遠為她保留綠色通道，在一些無傷大雅的事情上，她應該是你的唯一選擇。不要覺得這是女生矯情，她只是希望當你世界裡的偏愛和例外。

在一個飯局上，我有幸見證了什麼才是真正的偏愛。

那天的飯局人很多，大家吵吵嚷嚷鬧得很開，多響亮的手機鈴聲都能被掩蓋下去。隔座的男生喝得有點微醺上

頭，於是他閉上眼睛休息了一會兒，然後打開手機，密密麻麻的訊息和未接電話接連顯示，有老闆的、同事的、朋友的、父母的、丈母娘的、老婆的。

只見他做了兩個深呼吸，看得出在調整情緒，等感覺清醒點以後，他解鎖螢幕，首先回了電話給老婆，告訴她不用擔心，這邊的飯局馬上就要結束了，自己會叫個代駕回家，讓她先睡，不要等自己。接著回了電話給丈母娘，再接著是自己的父母，最後才去處理了工作上的事。

那一刻我突然被這種小細節打動。

什麼是愛情呢？大概就是這個男生回訊息的順序中透露出的他對她的寵溺和偏愛。無論何時，我都會第一時間回覆你的訊息，第一時間打電話給你，因為在我的世界裡，你是例外，我永遠區別對待。

在我這裡，你永遠擁有優先權

我曾經看過一個採訪，記者問男生：「如果你的工作日程已經安排好，但是你的女朋友希望你去陪她，你怎麼辦？」

男生回答說：「如果她那邊遇到了很緊急的事需要我，那我一定會拋下一切去她身邊。如果她是想要我的陪伴，那我會用最快的速度處理好手頭的工作，然後飛到她身邊，把我所能擁有的空閒時間都給她。我不能拋下工作，因為這是我對我們未來的承諾，但在完成了這些以後，她是我的世界裡的第一順位選擇。」

男孩的話很通透，也很實在。世界上最讓人底氣十足的，不是尊重與平等，而是被偏愛。很多男生都不明白，其實女生只是不想做那個和別人都一樣的存在，她們最希望的無非是被對方需要，被堅定地選擇。沒有女生想成為男朋友「最後的選擇」或「不得已的選擇」，如果你愛我，那我必須是你的首選；如果我不是，那我們的感情也沒什麼存在的意義了。

女孩，去找一個願意把你列到日常清單第一位的人吧，去找一個總是願意秒回你訊息的人吧，去找一個在他的世界裡你永遠是例外的人吧，希望你能成為他的偏愛、首選和例外。

CHAPTER 05

愛自己，是終身浪漫的開始

你若盛開，清風自來。任何時候你都是自己的宇宙中心，即使沒有人願意成為守護你的衛星，也不要輕易暗淡自己的光芒。

47

願你成為自己的太陽，無須憑藉誰的光芒

為什麼我們總被要求做一個被別人喜歡的人，而不是做一個被自己喜歡的人？

◍

循著光照的方向，不畏寂寞成行

你追星嗎？現在越來越多的年輕人加入「追星一族」，尤其是女孩，已經形成相當的規模。我不反對追星，但我提倡理智追星。我可以理解部分追星女孩的想法：那顆「星」是她們心中的「太陽」，令人滿懷嚮往。

與其說追星，不如說追的是一種理想、一種信仰、一種她們現在到達不了的高度。之所以追求，是因為憧憬，想循著光照的方向，努力讓自己變成更優秀的人。現實中有些人追著追著，不就把自己追成了別人的「太陽」，從而光芒萬丈嗎？

我們想和一個人確立戀愛關係，是因為發現了對方的美好，心生嚮往；和一個人開始一段戀情，是為了追逐美好，創造幸福。在這個過程中，只有雙方在感情中共同變得更好、更優秀，才能讓這份美好、幸福持續下去。

但有些人卻因為陷入愛情把自己變成了「無尾熊」，把所有的喜怒哀樂都牽繫在對方身上，漸漸失去自我，忘記了愛的初衷。所以，如果愛情只能讓你迷失自己，那就別怪對方離開。

電影《從你的全世界路過》中有這樣一段情景，「豬頭」在「燕子」乘坐的計程車後面邊追邊瘋狂哭喊：「沒有你我可怎麼活下去啊？！」這句話讓人聽了莫名心酸，但如果你知道了前因後果，只會哀其不幸，怒其不爭。「豬頭」從大學時期就喜歡「燕子」，兩人在一起後，他更是整天圍著「燕子」打轉，讓她變成自己生活裡唯一的光。他做飯是為了給她吃，賺錢是為了給她花，無條件支持她的一切決定，默默地站在身後守護她多年。他把所有的感情和期待都放在了「燕子」身上，卻忘記為自己留一個位置。最終「燕子」轉身離開時，「豬頭」只能崩潰地痛哭、

歇斯底里地挽留。

「燕子」離開是因為她一直知道自己想要的是什麼。「豬頭」的痛，是因為這麼多年以「燕子」為中心的生活，早已讓他失去了自我，無法面對以後沒有「燕子」的生活。「燕子」一直在向前奔跑，但「豬頭」卻還在匍匐前行，這樣的差距注定兩人只會漸行漸遠，不僅僅是現實生活上的，更是思想層面上的，這樣的關係，怎麼能長久？

現實中很多人戀愛時都會陷入這種誤區，或者一味付出、不求回報，或者把對方看作生命中唯一的光，等待救贖。但是我要告訴你，這不是愛情，這是一廂情願；這樣的關係並不美好，甚至有點病態。

愛一個人，一心付出、不求回報並沒有錯，但是，愛情的本質是一場互相吸引。愛一個人最好的方式，不是什麼都不要，放下一切來對他好，而是要在不斷地成長中提升自己。你只有自己變得越來越好，才能吸引對方越來越愛你。這樣的愛情，兩個人才能走得更加長久。

你若盛開，清風自來

在我們還不夠出色的時候，我們總是無比渴望去靠近光。我們常常會花很多時間去討好他人，卻唯獨忘了自己。大家都想靠近光，可是靠近了又怎樣，只能讓你更加羨慕，但永遠無法擁有。與其費盡心思追著光跑得氣喘吁吁，倒不如用心經營出一個更好的自己，讓自己成為那束光。

所有的愛都不是無緣無故的，正如一個閃閃發光的人絕不會隨便喜歡上一個沒有任何可取之處的人。一個優秀的人喜歡一個人，一定是對方有過人之處，白馬王子愛上灰姑娘只存在於童話故事裡。

愛情最好的樣子，絕不是一個人在努力前進，另一個人卻在原地踏步甚至後退，而是兩人共同進步，互相幫助，互相鼓勵，一起成為更優秀的人。所以，想要吸引更好、更優秀的人，你首先要讓自己變得更好、更優秀，這樣在未來才有更多的機會遇見美好。

很少有人擁有一帆風順的人生，所以在羨慕別人的成

功時，先要正確地審視自己，衡量一下自己有多少能力，問一下自己付出了多少去提升自己，或者找一下自己值得被愛的理由，不要總像井底之蛙一樣嫉妒飛鳥的自由。

你若盛開，清風自來。任何時候你都是自己的宇宙中心，即使沒有人願意成為守護你的衛星，也不要輕易暗淡自己的光芒。

重要的是你，而不是一個怎樣的你，你無須憑藉任何人的力量就可以做得很好，無須憑藉任何人的光芒也可以變得優秀。所以，不要總將目光投到別人身上，你自己比任何人都值得被美好眷顧。努力成為自己的太陽吧，當你不斷進步、成長的時候，一定會在某一時刻遇到那個和你同樣優秀的人。

48

就算全世界都不喜歡你，你也是唯一的你

「我沒有好看的皮囊，也沒有有趣的靈魂，是不是永遠比不過別人？」

「沒關係，不用跟別人比，你就是你，世界上獨一無二的你。」

🌢

拒絕容貌焦慮，做獨一無二的自己

　　大眾認知裡的美是什麼樣的呢？白、高、瘦？「A4腰」、「筷子腿」、「鎖骨放硬幣」、「體重不過五十」？

　　在《聽見她說》這部電影裡，女主角在浴室中做了這樣一段獨白：「一定得是巴掌臉嗎？一定得是九頭身嗎？一定得是希臘腳嗎？一定得是筷子腿嗎？一定得高嗎？一定得瘦嗎？一定得白嗎？一定得有胸有屁股嗎？什麼是美？什麼是醜？美的標準是什麼？是誰定義了這樣的標準？這

樣的標準又是為誰定義的？」這段獨白戳中了所有有容貌
焦慮的人的內心。

　　社會上有些人喜歡在現實生活中販賣容貌焦慮，你應
該猜到了，沒錯，主要就是那些醫美商家和整形診所。他
們總喜歡把所有人的容貌都往同一個模子裡面套，然後蠱
惑你用各種方法改進自己的容貌，比如藉由化妝品、保養
品進行美化，或者藉由醫美進行微調修復，或者整形。對
於天生愛美的女孩子來說，這些套路每擊必中。但只要你
開始了「求美」之路，就不會輕易停下來。

　　我不是說女孩子想要追尋漂亮不對，畢竟愛美之心，
人皆有之，誰都希望自己漂漂亮亮地出現在別人面前。但
是你知道嗎，美是很廣義的形容，它不應該由外界定義，
世界上有兩百多個國家，不同文化下的美，都是獨特且不
可複製的。

　　有人說，符合大眾審美的漂亮就是美，可是大眾的審
美也不統一啊，只能說比較符合當時的潮流趨勢。古代唐
朝的女人就以胖為美，宋朝的女人卻以瘦為美；現代印度
以胖為美，中國卻比較推崇清瘦美。這些例子只能說明當

時社會的潮流趨勢，並不能確定美醜。

　　一份對「95 後」[2] 整形觀念的調查報告顯示，當前更多年輕人選擇整形，已從工作驅動轉變為被單純渴望變美所驅動，為悅己而容，為了鞏固自信，為了在情感層面愉悅自己。

　　我一直覺得容貌是上天、是父母賜予每個人的禮物，每個人出生時的樣子、成長中的變化都是最真實的自己，它是你曾在世上行走、存在獨一無二的標誌。別人再好、再漂亮、再優秀，那也不是我們自己。所以，為什麼要複製那種千篇一律，而放棄做獨一無二的自己？

　　當然，確實有些人可能需要靠醫美或整形來調整容貌缺陷，但那是必要的，與單純為了美而美不可同日而語。所以，追求美不是錯，但是沒必要過度追求。我們要相信，每個人每個階段的美，都是不可複製的，而且每個人眼裡的美也各不相同，許多人的氣質和氣勢會讓你完全忽略他的容貌。而一個人的氣質或氣勢，主要靠後天「修練」，關鍵還是看他的素養和精神內涵。

2　指 1995 ～ 1999 年出生的人。

與其羨慕別人的美，不如修練自己獨一無二的美，做世上獨一無二的自己。

接納自己，每個人都是萬裡挑一

「好看的皮囊千篇一律，有趣的靈魂萬裡挑一。」這句話曾經在網路上風靡一時，初聞很有道理，再品更有道理。

不可否認，容貌對於一個人，尤其是女孩子來說，確實是很重要的一部分。長得漂亮確實會為女孩子帶來更多的便利，無論是在工作上、愛情上，甚至是生活上，漂亮的人通常都會享有更多優勢和機遇。但是後來我發現，外貌真的只能成為一個錦上添花的助力，它絕對不是人生進階的根基。

生而為人，有些天生的東西我們不能左右，比如七情六欲，比如生老病死。但是怎麼活，活成什麼樣，我們卻可以擁有絕對的話語權。既然如此，我們為什麼不能忽略容貌，活得與眾不同、萬裡挑一些？

一個人能夠成功，自我肯定絕對是最重要的因素之一。這種自我肯定與人生閱歷和自身能力有很大關係，而不會是因為容貌問題。舉個例子，商界很多大鱷都長相普通，但他們即使穿著拖鞋去談事情，也沒人敢忽視，這是他們的能力給予的底氣。現在的社會中，容貌可以藉由整形等技術變好，但是氣質、氣勢和能力絕對不可能藉由醫美或者整形就能「無中生有」。

　　所以女孩們，不要為了迎合大眾審美的標準，刻意去改變自己天生獨特的美，那樣你會永遠覺得自己身上都是缺點。與其相信先天的容貌可以改變命運，不如相信後天的努力能讓你更清晰地認識自己、認可自己。

**　　你來人間一趟，不是為了讓容貌困住自己。**

　　試著跳出他人的期待和評判，去努力提升自己、接納自己、肯定自己吧。衷心希望你能活出獨一無二的自己。

49

我怕我配不上自己所受的苦難

有時候感情就是在一個風和日麗、陽光燦爛的下午,一個
人跌跌撞撞地跑、失魂落魄地笑,然後刻骨銘心地痛。

💧

自己淋過雨,才想為別人撐傘

多少愛情都是這樣——開始:「我會給你幸福。」結
局:「祝你幸福。」我覺得,能坦然說出「祝你幸福」幾
個字的人,希望你們是真的不適合才分開,不然錯過的就
不只是一段感情,可能是半個人生。畢竟,好聚好散有時
候比海枯石爛還要困難。

文文與阿樹是在一次聯誼中認識的。文文安靜內向,
阿樹熱情開朗。但就是性格背道而馳的兩個人,卻快速地
在一起了。說實話,大家不是很看好這段感情。

很快，大家就發現文文與阿樹的相處方式特別有意思。阿樹愛運動，愛交際，愛熱鬧，但是他每次運動或者參加活動的時候都會和文文提前商量一下，看她是否有興趣參加，如果有興趣，兩人就一起參加，之後會多參加類似的運動或活動；如果文文沒有興趣，阿樹一般會和她說一下大致什麼時候結束，之後類似的運動或者活動，阿樹就會相應地減少參加次數。而文文呢，喜歡安靜，愛讀書，愛看電影，比較文藝，但是她每次看書都會留意其中是否有阿樹感興趣的話題，或者看看是否有阿樹感興趣的新電影上映，她都一一記下來，然後等兩人有時間時一起討論或決定出行計畫。

　　兩人就這樣在各自的舒適圈裡又畫出一塊交叉的領域，既兼顧對方的愛好習慣，又不委屈自己。

　　我們都驚訝於這種神奇的相處方式，既不是互相遷就也不將就湊合，居然也能將感情維持得這麼順其自然。

　　最後還是沒有忍住好奇心，我偷偷問了兩個人關於這個問題的看法。文文抿嘴笑了一下說：「其實沒你們想的那麼玄，只不過我以前和與阿樹有同樣性格的人相處過，那時跌跌撞撞，最後落得一地心傷。而阿樹也與和我性格

類似的人交往過，一路磕磕絆絆，直至最後分開。我們兩個經歷過同樣的『苦難』，自然懂得怎樣避免。」

原來不是什麼緣分使然，只是因為我淋過雨，所以想為你撐把傘。

我們大都在一條相似的路上，
卻誤以為自己驚世駭俗

電影《功夫》中有這樣一個片段：一個乞丐模樣的人對著一個外表普通的孩子說他是百年一見的練武奇才，維護世界和平的任務就交給他了，然後用十塊錢賣給孩子一本武學經典。孩子很開心地接下了任務，並從此對自己的未來充滿憧憬。未知結局的時候，誰沒有鄙視過這個疑似騙子的乞丐？誰沒有笑話過這個天真得透著傻氣的孩子？

少不更事的時候懵懂又單純，對未來充滿想像與信心，感覺整個世界都是暖色調的，明亮又通透，蓬勃朝氣。彼時年少，無知者無畏，因為「無知」，所以對一切都無所畏懼，猖狂得覺得整個世界都是自己的，要與不要

只在自己一念之間。哪怕有個人問我想考哪所大學，我都能擲地有聲、義正詞嚴地大聲告訴他：「名校還不是由著我選擇！」

海子的詩中說：「你來人間一趟，你要看看太陽，和你的心上人，一起走在街上。」

不怕人笑話，我年少時總覺得自己是被命運眷顧的那個人，覺得自己始終與眾不同，以後一定會遇到一個全心全意愛自己的人，過夢想中的生活，擁有美滿幸福的人生。

那個時候就學會了矛盾，渴望有人能懂自己，讓自己成為他的偏愛；又不希望有人完全懂自己，因為這樣會顯得自己「泯然眾人矣」。就在這樣糾結又晦澀的感覺中慢慢長大，有一天突然發現，我們大多數人都走上了相似的道路，創造了一批批的人生範本，早已與年少時的夢想漸行漸遠。

後來，我依然活得偏執，卻也明白路都是自己一步一步走出來的，世界不欠我什麼，我也不必責怪於它。有時候一個人總把事情看得特別透徹，對什麼事都雲淡風輕，未必是一件好事。想要活得快樂一點，就要學會難得糊

塗。所以我特別羨慕那些擁有純粹的快樂的人,雖然我不是這種人,但我仍然希望能用自己僅剩的一點能量去幫助他人,把我不值一提的經驗分享給喜歡我、支持我的人。

最後希望大家都能活得更本色一點,更真實一些,反正總會有人喜歡你,有人不喜歡你,但至少你會更喜歡你自己。

50

沒有回音的山谷，不值得縱身一躍

「一段感情是怎麼慢慢走散的呢？」

「也沒有發生什麼驚天動地的大事，大概是你的生活我不了解，我的生活你不參與，然後我們就漸行漸遠了。」

真情實感的小作文信手拈來

有沒有人遭受同樣的「折磨」：讀書的時候老師說要寫一篇作文或論文，你覺得像要失去半條命般艱難，為了湊字數，大家「八仙過海，各顯神通」，幾乎吃奶的力氣都用上了，只為了讓紙上的字數越來越靠近那個「800」所在的格子。而開始戀愛後，情感小作文隨時隨地想寫就寫，洋洋灑灑一大篇，一揮而就，各類文風信手拈來，頗有大家風範。

我感覺許多人畢生的文學細胞都用在寫分手小作文上

面了。上學的時候常聽老師說寫作文要有真情實感，寫出來的東西才能打動人，現在看來果真不假。

小時候寫作文是「不識愁滋味而強說愁」，如今真正在愛情的刀山火海裡滾過一圈了，才知道提筆就能寫下自己內心最觸動的內容是何種感覺，再也沒有了那時候寫作文的「艱辛」，但是如今的「下筆如有神」卻也是生活實打實地教會我們融會貫通。

不知道看到這裡的你，手機備忘錄裡是不是剛好有這樣一篇小作文，如果有，馬上刪除吧。女孩，不得不說，如果他真的看得進去你寫的小作文，你們會走到需要寫小作文這一步嗎？如果他真的願意去了解你內心的想法，去體會你的感受，去照顧你的情緒，怎麼還會有這篇小作文誕生？

正是因為他不想去感受你、體諒你、包容你，你才會有那麼多的委屈和不甘，才會有那麼多話想要和他傾訴，可是，一個永遠沒有回音的山谷又哪裡值得你縱身一躍呢？

他不在意你，你的一切挽回就毫無意義

來，這裡舉一下手，報個數，是誰說著放下，把對方封鎖刪除，然後又默默地拿起閨密的手機去看對方的動態？是誰看到對方沒發動態，一邊心想著「他一定是在煩惱吧，是不是後悔了」，一邊又惆悵著「他會不會已經不想理我了」？

這裡敲黑板，畫重點：首先，你要明白，如果他已經決定離開你，從此不給你任何回應，那你無論怎麼糾結掙扎，結果都毫無意義。其次，相信我，有一種感情比失戀分開還要讓人痛苦，那就是自作多情。

我碰過最可笑的結局，就是女生在這邊痛苦不堪、死纏爛打，但男生在那邊毫不留戀、作壁上觀。

這時候你得承認，他決心離開的時候，這段感情再撕扯也只是一場鬧劇，你所做的一切在他的眼裡就像一個跳梁小丑演戲。

也許話不太好聽，但我還是想說，你不要抱有不切實際的幻想，不要再自我安慰、自我感動，他沒發動態，也許不是和你一樣在難過，很可能在等你自己想通，也有可

能在和別人慶祝終於能擺脫這段他認為令人窒息的感情。

我們終歸年輕氣盛，總想把什麼都牢牢抓緊，尤其是女孩子，多少都有點菟絲花的潛質在身上，總覺得年輕的心純潔又渺小，小到只能裝下一個人，小到可以無視世間的喧囂，滿心滿眼都只剩那個人。

但現實中的愛情既不是浪漫的言情小說，更不是美麗的童話故事，沒有那麼多起承轉合，沒有那麼多守望相助、不離不棄。現實中的愛情現實得很，說散也就散了。世界那麼大，本來就聚散終有時。

但你一定要相信，隨著時間推移，或長或短，你終會明白，很多我們以為這一輩子都忘不了、過不去的事情，總會在風和日麗的某一天，在我們記憶裡變得模糊，變得雲淡風輕。

心動是真的，心痛也是真的。在感情中受傷你可以哭，可以發洩，但你不應該一再去打擾別人，更不應該無底線地消耗自己。你最終會明白，這一分一毫的得失和你真正想去的遠方比起來，實在算不了什麼。

人生那麼漫長，我們會遇到無數的人、無數的事，不要被眼前的一座山谷困住了腳步，這座山谷既然已經不願讓你停留，那不如痛快放手，奔赴下一片天空。

51

愛自己，是終身浪漫的開始

「如果讓你為自己最愛的人排序，你的順序是什麼樣的？」

「首先是自己，其次是父母，然後是伴侶，最後是孩子。」

🌢

幾百塊的口紅考慮再三，幾千塊的球鞋立刻下單

你知道哪種人在感情中最卑微嗎？三分愛自己，七分愛別人。

「我愛他愛得沒了自己，怎麼他還能毫不留戀地轉頭離開呢？」我聽到這個問題的時候，首先湧上來的感覺是悲哀，然後才是氣憤。

戀愛的時候，一支幾百塊錢的口紅，你糾結好幾天，然後轉頭毫不猶豫地買了一雙限量版球鞋給他；自己還用著幾千塊錢的安卓手機，卻毫不心疼地買下最新款的蘋果手機給他。

沒錯，你是很愛他，也正是因為你在這段感情裡竭盡全力，所以在他離開後才那麼憤怒，那麼不甘心。於是你感嘆，人生不值得，愛情不值得，付出多的人永遠都是輸的一方。但是你有沒有想過，這樣的戀愛模式本來就是一種不健康的狀態。當初你們在一起的時候，他喜歡的那個你，是現在這樣畏畏縮縮、失去自我的你嗎？

　　一個連自己都不愛的人，憑什麼要求別人愛你？

　　所以，女孩們別傻了，投資自己才是最穩妥的理財。只有你自己獨立，才能無所畏懼。女孩生來可以體弱，但不能性弱。除了為母則剛，生活、工作、戀愛中也要盡量不當菟絲花，即使不能成為女蘿草，也要當一株勁草。

　　我曾經有個朋友，自己還在上大學，平時父母給的生活費省吃儉用，奶茶都不敢隨便喝，卻每個月花錢坐飛機到男朋友身邊去陪他過週末。而且，我注意到從來都是她去找男朋友，她的男朋友從來沒有主動到她的城市來看她。

　　我問她原因，她說男朋友忙，上課忙、學業忙、創業忙，兩個人又都是學生，都沒什麼錢。最重要的是，兩個人一起出去玩的時候，基本上都是我的朋友在花錢，男生

偶爾大方一次，回來還要 AA 制。我們眼看著女生把錢全花在男生身上，都替她感到不值，但她自己卻樂在其中，無法自拔。

有時候，當局者迷，旁觀者也不敢清。

從旁觀者角度來看，他們這段感情從開始就注定走不到最後，因為他不愛她。如果真愛，怎麼捨得讓女孩勞累奔波又花錢花時間？

如果朋友沒有把錢全部花在男朋友身上，而是用來投資自己，去學習一些專業技能或者去發展自己的愛好，那她所得的一定比現在多得多、好得多。可是沒有如果，陷入愛情漩渦的她，比起愛自己，顯然更愛那個根本不值得的男生。

故事的結尾也非常俗套，意料之中，她和男朋友連大學四年都沒有堅持過去。

愛自己，才是效益最高的投資

曾經看到過一句話：「願有人免我憂，免我驚，免我四下流離，免我無枝可依。」年少懵懂的時候可能會覺得這句話很浪漫，現在想想，為什麼我自己不能成為那個人呢？為什麼要把希望寄託在別人身上呢？

作家畢淑敏曾說：「等著別人來愛你，不如自己努力愛自己。」深以為然，依靠別人得來的東西往往不會長久。

不遺餘力愛別人，就像一次豪賭，機率不定，結果未知。

天下沒有穩贏不輸的賭局，如果有，那就是把賭注壓在自己身上。先打造好自己，你才可能有底氣去談一場明白的戀愛。對於女生來說，有人寵是驚喜，但是自己寵自己是能力，畢竟愛自己才是一生要學的課題。

一個愛自己的人，對自己是誠實且坦率的。說真的，我們沒有自己想像中那麼差，別人也沒有我們想像中那麼好。想要好好愛自己，我們首先需要接納自己的不完美，

接受最真實的自己，欣賞自己，肯定自己。正如三毛所說的那樣，一個不欣賞自己的人，是難以快樂的。只有當你學會了愛自己，才能得到別人的愛，只有當你學會了真正的愛，才能感受到世界更多的善意和浪漫。

這段時間聽了很多情感故事，有關於錯過的，有關於失去的，有關於愛而不得的。後來我聽到這樣一句話：「老天不會委屈任何人，把所有事情都當成好事來看，最後就一定是好事。」

其實很多時候，真的不能以得失論長短。認認真真愛自己，至少你可以決定自己未來生活的樣子，這樣的投入與收益率可比投資一個看不到未來的男人要划算多了。

在未來的光陰裡，請一定記得愛自己，這是終身浪漫的開始，也是終身受益的開端。

52

我曾對你心動過，但是趕路要緊

我渴望能見你一面，但請你記得，我不會開口要求要見你。這不是因為驕傲，你知道我在你面前毫無驕傲可言，而是因為，唯有你也想見我的時候，我們見面才有意義。

從不知道到不想知道

矯情地說，每個男生心裡都有一個「白月光」，每個女孩心裡都有一顆「朱砂痣」。

我喜歡了一個男生很久，無數次旁敲側擊地告白過，結果都被他以奇奇怪怪的理由轉移了話題，委婉地拒絕，我懂，可是就算他拒絕我多次，他也沒有主動和我斷開聯絡。他還是天天傳訊息給我，約我吃飯、看電影，甚至偶爾還會有一些朋友以上的問候。其實我以前也幫他找過理由，是不是因為他現在只想拚事業沒空談戀愛？是不是因

為他有點靦腆不知道怎麼回應我？又或者他肯定有什麼難言之隱……什麼理由都想過，就是沒想過他其實根本不喜歡我。

後來我從朋友那裡得知，他好像有了女朋友；對，是好像。那一刻我才意識到，他是可以有女朋友的，只不過這個人不是我。

我當時蠻心寒，但沒有氣沖沖地去質問他為什麼有女朋友也不告訴我。你以為感情中最酸的感覺是吃醋嗎？不，最酸的感覺是沒權利吃醋。我很清楚，我根本沒有立場去質問他，但是心裡的煎熬不甘還是讓我傳了訊息給他：「我們到底是什麼關係？」他還是一如既往地回覆我：「你又怎麼了？」只不過這一次，我看了訊息幾秒鐘後，沒有回覆，而是直接將他封鎖、刪除。

從此之後，我再也沒有主動聯絡過他。後來的後來，有一天他突然打電話給我，希望我把他之前落在我這的手機殼拿給他。可是我很清楚，一個破手機殼而已，沒必要特地打個電話。或許是因為他寂寞了，又或者和女朋友吵架、鬧僵甚至分手了，我不知道為什麼會有這通電話，我也不想知道了。

曾經總是期望與這個人見面的心情和當初那些不甘，現在居然連痕跡都沒有留下。

　　有人問我：「你真的捨得嗎？」說實話，我捨不得。但是我更捨不得這樣無底線地消耗自己。

　　有時候我也會問問自己，當時到底喜歡他什麼？現在想來我竟說不出個所以然。其實也正常，因為感情確實不可控，這個人可能哪都不好，但就是誰也替代不了。還好有現實能給我一巴掌，讓我明白成年人不可能靠著執念生活，愛而不得這種事習慣了就像家常便飯一樣普通。誰也沒有規定你喜歡一個人，對方就非得喜歡你吧。

　　不得不承認，傷害確實可以讓人成長得更快。過去面對他的拒絕，我會難過得一整晚都睡不著。而最後一次聯絡，我已經可以平靜地把這個人從我生活裡剔除。那一刻我突然意識到，這個人不愛我不是他的錯，但是有了戀人還在消耗我就是他的錯了。及時止損是很難，但是多看看自己的狼狽，多想想自己的愚蠢，多聽聽別人的意見，也能林深見鹿，海藍見鯨。

雙向奔赴才有意義

著名作家西蒙・波娃在《越洋情書》中對納爾遜・艾格林寫道：「我渴望能見你一面，但請你記得，我不會開口要求要見你。這不是因為驕傲，你知道我在你面前毫無驕傲可言，而是因為，唯有你也想見我的時候，我們見面才有意義。」是啊，只有雙向奔赴的愛情才有價值。

我一直很贊成「什麼年紀做什麼事情」這個說法，在該拚事業的年紀就全心全意去打穩根基，去開拓疆土；在該談戀愛的年紀也不要有太多顧慮，就全心全意去談一場浪漫的戀愛，不論結果。這才是再美好不過的人生。

不知道你們身邊是否發生過這樣的事：女孩在事業剛剛起步的時候遇到了一個很好的男孩，他們先在工作中有了交集，後來成了朋友，再後來兩情相悅開始交往。但是那時候女孩是花了很多時間和精力才有了更多的工作機會，所以當男孩提出要結婚時，女孩拒絕了，她還沒有做好組建一個家庭的準備。於是他們開始吵架，迅速分手，甚至於老死不相往來。

每每聽到這樣的故事只覺得唏噓，只能說兩人誰都沒有錯，只是不適合。女孩沒有把家庭和戀愛放在她人生的第一位，但這也無可指摘，對那個時候的她來說，奮力前行確實才是最重要的。她不是不愛他，只是趕路更要緊。

　　或許世界上最遺憾的事情不是錯過，而是彼此相愛卻不得不分開，就好像周星馳的電影中常出現的場景：在一無所有的年紀遇到了想要守護一生的人，卻又無力留住對方，只好目送著對方漸行漸遠，此後天地遼闊，各自珍重。

53

大步往前走，不要回頭看

歌德曾說：「我絕不會再像以前一樣，把命運加給我們的一點不幸拿來反覆咀嚼；我要享受現在，過去的事就讓它過去吧。」

💧

感情中受過的傷都是我們的勳章

之前聽過一段話：「你喜歡一匹馬，不要試圖去追牠，因為你肯定追不上。你應該去種花種草，然後等到草長鶯飛的季節，馬自然就會回來找你。如果那匹馬沒有回來，那也沒有關係，因為這個時候你有了花，有了草，即使這匹馬不來，別的馬也一樣會來。」

「好馬不吃回頭草」這句話我能理解，也能理解一些人在分手後暫時忘不了前任的行為，人之常情，但請不要衝動，這個時候不妨給自己一個冷靜期，設定一個嘗試著

去忘記對方的期限。冷靜過後，如果依舊放不下，覺得能夠包容你們之前解決不了的問題，並且願意和他一起走下去，再考慮復合也不晚。當然，如果在這段時間裡，對方「易主」，那你正好可以徹底死心。

我從來不覺得破鏡重圓的感情是美好的。有些人、有些事，遇到了就是遇到了，發生了就是發生了，不可能隨意抹去不留痕跡。「破鏡」即使能「重圓」，也終究有裂痕存在，只不過大家都學會了妥協退讓、無視或者隱藏。

感情中的兩人，當初既然能走到分手這一步，就說明你們之間存在溝通、商量都解決不了的問題。在這樣的情況下，坦然回到從前的機率能有多大呢？你又說：「那就重新開始。」這不失為一種辦法，但就像一個人不可能跨入完全相同的一條河兩次，個中滋味，只能自己體會。

並不是說情侶分手後就沒有復合的機會，或者前任就完全不值得挽回，只是你要想清楚，你到底是害怕孤獨不願單身還是因為真的還愛對方。如果還愛，那就妥善解決矛盾；如果盡力後仍舊無法改變現狀，那也不必將就，大膽往前走，前面總有更好的風景等著你。

不要回頭，前面風景獨好

有人說，從一段感情中走出來最好的方式就是開始一段新的戀情，這句話見仁見智。

有個關係很好的同事，初戀剛開始，最害怕的事情居然是分手那天的來臨。女孩深知初戀能走到最後的機率非常小，總覺得以自己的性格，萬一分手，一定會情不自禁地去求復合，而她更清楚，她之所以分手絕對是因為感情有了不能調和的矛盾。於是從一開始她就告訴我們，如果她分手了，我們一定要拉住她，她太了解自己，在不清醒的時候，她是絕對會「吃回頭草」的。

這次故事的走向並沒有如我們預期，兩人和平分手，不是因為初戀的不成熟和幼稚，恰恰相反，他們倆分手是因為成長和熟悉。用她的話來說，情侶是在人生路上的搭檔和夥伴，想要長久走下去，兩人必須保持同頻，但現實中這真的太難了。

兩人分手是因為他們都感覺到了彼此的變化和不同，兩人已經不能在同一軌道和速度下一起前進，沒有什麼太

大的衝突，但就是不適合再在一起了，於是和平分手。

同事也沒有如她自己想像的那樣撕心裂肺，反而很冷靜也很欣慰，因為他倆都沒有在這段感情中選擇將就，也沒有選擇回頭，雙方都選擇了堅定地往前走，各自去成為更好的人，哪怕從此山高路遠，不再相遇。

永遠都不要為了遇見愛情而刻意為之，愛情應當是你成為更好的人的過程中的贈品，而不是你一味索求的成果。

當你足夠自信，再大步地奔向配得上你的愛情吧。所以，過去的就放手，千萬不要回頭，你所期待的更好的愛情，可能早就在前路等著你呢。

54

一個人挺好，沒有失望，沒有辜負

人窮盡一生，追求另一個人類共度一生的事，我一直無法
理解，或許我自己太有意思了，無須他人陪伴，所以我祝
你們在對方身上得到的快樂，與我給自己的一樣多。

💧

戀愛久了，居然會懷念單身

曾經有個朋友跟我說：「你知道嗎，我談過最長的一段
戀情是五年，最後分手的理由也很離譜：談戀愛談累了，
想恢復單身。」原來時間真的可以磨去熱情，談戀愛也會
成為一件讓人感到疲憊的事情。

曾經看過一個愛情綜藝，裡面的女嘉賓說：「剛在一
起的時候，每天幻想著他什麼時候和我求婚，現在在一起
七年了，每天想著他什麼時候會和我說分手。」看來，戀
愛也不是談得越久越好，不只出名要趁早，戀愛也最好趁

早，這樣才能多一些嘗試的機會。

　　人生是分階段的，戀愛也是，不可能總處在熱戀期。在熾熱漸漸趨於平淡的時候，就要準備迎接下一個階段來臨，往往這個階段也是女生希望感情能更進一步的時候。如果這個時候男生沒有下一步舉動，那女生的期待必然會轉變為一次次的失望，久而久之，女生會覺得與其前路未知地等待，不如盡早分開獨自旅行。

　　即使熱戀期、平淡期都能平穩度過，很多人（不分男女）也會一直拖著不肯結婚，一方面是對這段感情還不能徹底確定，另一方面是覺得一旦步入婚姻，就彷彿套上了枷鎖，愛情的甜蜜會開始轉變為親情和責任，遠不如談戀愛時輕鬆，更不如一個人時自在。

　　其實我一直不贊同愛情最後轉變為親情這個觀點，愛情就是愛情，是和親情、友情同在卻不同感的存在。感情是一件萬萬不能將就的事情，因為你選的那個人會陪伴你往後的歲歲年年，分擔你所有的細枝末節，這個人身上一定要有讓你覺得和他在一起幾十年也不會感到厭煩疲倦的東西，這樣的一段感情才可以順利度過「三年之痛」、

「七年之癢」等階段直到人生盡頭。

那些經歷戀愛長跑的人，一般都很難再談一場全心全意的戀愛，因為已經很難再把信任和自己交付出去。原諒很容易，但是再次信任，絕對沒那麼容易。

愛情長跑真的會讓人感到疲憊，跑著跑著就可能變味，也許會讓你不由自主懷念單身的滋味。就好比你非常認真地寫完了一篇八百字的作文，結果老師跟你說，字跡太潦草了，要重寫。就算你當時用盡力氣再認真地寫一篇，也不會有第一次寫時的那種感覺了。

一個人也可以過得很好

《宅男行不行》裡的謝爾頓說：「人窮盡一生，追求另一個人類共度一生的事，我一直無法理解，或許我自己太有意思了，無須他人陪伴，所以我祝你們在對方身上得到的快樂，與我給自己的一樣多。」我不宣揚不婚主義，但是也絕對尊重單身主義。

現在社會中選擇單身的人越來越多，不知道從什麼時

候，網路上還替孤獨分出了等級，而且有十分具體的十個級別，看看你到了第幾級？

第一級：一個人逛超市；第二級：一個人去餐廳；

第三級：一個人喝咖啡；第四級：一個人看電影；

第五級：一個人吃火鍋；第六級：一個人去 KTV；

第七級：一個人去看海；第八級：一個人去遊樂園；

第九級：一個人搬家；第十級：一個人去做手術。

如今，孤獨已經成為越來越多人的生活狀態，形成這種現象主要是因為當代人的獨立性越來越強，承受孤獨已經成為一種生存的能力。

有些人談戀愛是因為不能忍受單身，害怕孤獨，喜歡身邊有人陪伴的感覺，所以他們可以並願意在一段段不確定的感情中流浪。但是我覺得，這樣的感情是對自身的一種傷害。

其實，人生最好的狀態是，能遇見一個人相伴終老最好，如果沒有遇到那個人，還不如一個人生活，一個人也

可以過得很好。

　　一個人沒有太多的牽掛，可以自由自在地去做想做的事情，不用因為生活裡的柴米油鹽而吵架，更不用去處理來自幾個家庭不同的雞毛蒜皮。忙的時候專注於自己的事情，在事業中實現自己的人生價值。空閒下來就去結交不同的朋友，融入不同的圈子，發展自己的興趣愛好。

　　所以，不要太在意別人的看法，勇敢做自己就好，自己快樂才最重要。你要記得，愛情只是生活的調味料，就算沒有，我們也要憑藉自己的能力去好好經營生活，取悅自己。

55

愛者鬱鬱寡歡，不愛者逍遙自在

智者不入愛河，飽覽美麗山河。

愚者為情所困，總是自欺欺人

有些女生談起戀愛來瞬間變成詐騙高手，不是騙別人，而是騙自己。她覺得對方今天整天沒有傳訊息或回覆訊息，是因為忙得不可開交；她覺得對方不肯在社群媒體上發兩個人的照片，是因為他比較成熟低調，不喜歡秀恩愛；她覺得即使兩人分手了，但是對方還對她的動態按讚，說明他一直都沒有放下……

求求了女孩，學校教育教我們真誠善良，但也教我們不要說謊。如果你在第一次談戀愛的時候陷入了自欺欺人的模式不可自拔，可以理解，誰還沒遇過所謂的「渣」？誰還沒有衝動的時候？但如果你都一把年紀了還在為愛衝

得頭破血流，那你的一腔孤勇只能定義為愚蠢盲目了。

愛情中最要不得的就是欺騙，無論是騙對方或騙自己。

有人說愛情就像一場博弈，先動心的那個人就輸了。我覺得這句話只適用於那些一開始就注定會失敗的感情。如果雙方從開始都抱著認真嚴肅的態度對待感情，就無所謂誰先動心，真心相愛就是完美。誰先動心，誰付出得多，從來不是衡量一場感情的標準，如果總是在這些地方斤斤計較，只能說明你對感情不夠堅定，對自己沒有信心。

真正的愛情不是「一二三，木頭人」的遊戲，所以，誰先動心誰先主動也不會影響這段感情的走向和結果。

很多美好的愛情開始時並不是兩情相悅，總要有一方主動打破結界，愛情才有可能修成正果。況且動心這件事也不是個人主觀意願可以控制的，可能你在某個意想不到的場合中突然就遇到了讓你心動的人，就算你再怎麼自我克制，他還是會不斷出現在你的腦海中。與其輾轉反側地描摹，不如坦坦蕩蕩地追求。喜歡與不喜歡都直接一點，即使結果不如意，我們也可以坦然地奔赴下一場。

不錯過、不後悔、不糾結，這才是勇敢的真諦。

智者不入愛河，飽覽美麗山河

有人說：「智者不入愛河，愚者自甘墮落。」我覺得這句話的意思並不是說智者真的不談戀愛，而是他在沒有遇見真正心動的人之前，不會隨意踏足愛情。

電影《艾瑪》裡有個場景令我印象深刻，哈麗葉問伍德豪斯小姐：「你如此天生麗質，為何不結婚呢？」

伍德豪斯回答，自己沒有結婚的想法，在情愫未到時，不必改變現狀，等到深陷愛河時，想法自然會改變。

哈麗葉感覺當個老女孩很可怕，但伍德豪斯則認為愛情應該順其自然，只要財富在手，就永遠不會成為別人的笑柄。這讓我想起作家東野圭吾說過的話：「為自己活著，甚至認為只要有自己就夠了，並為此努力的女人我會覺得很厲害。」

那究竟為什麼「智者不入愛河」呢？

有人說因為愛情充滿不確定，即使今天相愛，明天也有可能分開，總免不了傷害，所以聰明的人不輕易沾染愛

情。也有人說因為愛情容易令人喪失鬥志、放棄夢想，所以有追求的人不喜歡觸碰愛情。

我覺得智者拒絕愛情的根本原因是這幾方面：第一，身處愛情，會讓自己的智商降低，容易失去控制局面的智慧和能力；第二，智者多半現實且理性，綜合種種現實因素，多半會選擇生活，而不是愛情；第三，看得太透，反而愛無能。凡事難得糊塗才能一直堅守和繼續，一旦清醒至極，繼續也就變成了一份煎熬。若愛情能讓人變得更好，自然是歡迎之至，若它帶來的是無盡的煩惱，還不如一個人生活。

所以，智者不是不愛，他會在明白兩個人適不適合後才行動，會在清楚彼此有沒有未來後再追求。他並不是抗拒愛情，只是學會了謹慎去愛。

56

一扇不願為你開的門，
一直不停敲是不禮貌的

愛你的人，距離再遠也順路，隨時都有空，不怕你打擾，
不怕你麻煩，他只怕你不需要他。

能感天能動地，就是感動不了你

抖音平台某影音遊戲主播曾說過一段話，讓我印象蠻
深刻，他說：「我堅持不找你，不是因為我不想你，更不是
因為我不愛你，而是你給我的感覺像是我在打擾你，可能
我這個人的自尊心太強了吧。我是那種你不主動找我，我
這輩子都不會再跟你有交集的人。但是你只要跟我主動說
一句話，哪怕是一句『在嗎』，我也會立刻秒回你。如果
你跟我說你想見我，就算是刀山火海，我也會以最快的速
度出現在你的面前，但是很可惜，你沒有找我，所以我也

不會再出現在你的世界裡面。」

「愛人七分滿，三分給自尊」這句話還是有一定道理的，畢竟一扇不願意為你開的門，一直敲，不停敲，是沒有禮貌的。在兩情相悅的愛情中，苦苦糾纏的戲碼不適合，最好情出自願，事過無悔。

一份和諧的感情根本不會讓人患得患失，對方會在你產生自我懷疑前給足你安全感，只要有時間，只要條件允許，翻山越嶺他也會忍不住去看你，會把這世上一切最好的東西都送到你面前，包括他自己。

愛情裡哪有那麼多一見鍾情，大部分還是經過追求和努力後的水到渠成，或者最終落花有意，流水無情。好的結果固然美好，不好的結果你也要學會坦然接受，不要因為自我感動而對付出憤憤不平。

我曾經認識一個在愛情裡無比執著的女孩，在這個網路通訊發達的時代，她決定用最簡樸的方式——折千紙鶴向男孩表達愛意。她說要折滿 999 隻紙鶴送給對方，讓對方從每一隻她親手折出來的紙鶴感受她滿滿的愛意。

她說到做到，把折千紙鶴當成了人生大事，孜孜不

倦、樂此不疲地努力著。然而當她把千紙鶴拿到男生面前跟他表白的時候，男生並沒有表現出她想像中的感動，反而是一臉糾結和不安，最後也只是拒絕了她的心意並且說：「謝謝你的喜歡，但現在我只想說，你的不放棄打擾到我的生活了。」

你看，在不喜歡你的人眼裡，你所有的一切付出都只是「打擾」而已。

後來我才知道，她多次對男生表達過自己的心意，男生都乾脆地拒絕了。換位思考，如果我是這個男生，作為當事人被趕鴨子上架，我也只剩尷尬。

從始至終，女孩只是一廂情願認為自己努力付出，對方一定會接受，從沒想過自己的不放棄已經變成了糾纏。

一定有一扇門，會心甘情願為你打開

人的本能是不斷追逐從他身邊飛走的東西，卻總在逃避追逐他的東西。

感情確實需要主動和爭取，不能一味地待在原地等著

愛情找來，但是要注意區分「爭取」和「打擾」的區別。

「爭取」是在不影響對方的前提下竭盡所能地讓他動搖，想他所想，愛他所愛。「打擾」則是在對方已經明確表達了拒絕以後，你還在一意孤行，用自己的語言或者行為影響對方。這樣的情況確實已經非常不禮貌了，你要學會的是適時放手。

我希望所有的女孩在感情中都能適當保有一定的自尊與驕傲，不要委曲求全，更不要試圖在不愛你的人的世界裡一直強行刷存在感。

愛情不是靠著一天天的「出現」和聊天紀錄裡的未讀訊息就可以刷出來的，你的所有行為不但不會加分，很有可能適得其反。

其實有時候你的苦苦堅持，可能並不是因為有多愛對方，只是不甘心自己曾經的付出沒有結果而已，但是那個時候的你已經因為無謂的堅持而失去了尊嚴與底線，只會惹得對方生厭。

那扇敲不開的門，就不要繼續敲了，世界上的門那麼多，我相信一定有一扇門，會心甘情願為你打開。

當你足夠自信，再大步地奔向配得上你的愛情吧。
你所期待的更好的愛情，可能早就在前路等著你呢。

57

不耗著別人，也是對感情的一種尊重

愛人的方式有千百種，但是很抱歉，我不想要淺淺的心動，所以不要用喜歡我這幾個字來耗著我，我很貪婪，也很愚笨，我是個俗人，我只喜歡看得見的在乎和明確的愛。

◆

明確的拒絕比模糊的曖昧善良一百倍

「你會永遠對我這麼好嗎？我們會做一輩子的好朋友嗎？即使你已經有了女朋友。」

「會的，我會一直在你身邊。」

上面這段對話出自一部曾經很受歡迎的偶像電視劇，是劇中女主角與男二號之間的一段對話。我們這裡將女主角用 A 代替，男二號用 B 代替。B 是 A 的男閨密，兩人之間一直沒有距離感，即使在 B 已經有了女朋友，A 有了男朋友的情況下，兩人依舊保持著親密的關係。我當時看

這段劇情的時候就覺得很不適，感覺對話夠奇葩，也夠無恥。這不就是借著閨密的名義來「養魚」，為自己找備胎嗎？

所有的異性閨密，都是「魚塘」裡明碼標價的「魚」。

喜歡一個人本來是一件很美好的事情，兩情相悅的曖昧才不讓人反感，因為算是既定的雙向奔赴。但如果只是仗著一方的喜歡便肆無忌憚，搞得一手好曖昧，我希望另一位當事人能變得聰明一點，趁早放手，趁早退出。

有的人很喜歡當「魚塘塘主」，用這種曖昧不明的手段幫自己養一池塘的「魚」，不過，你看到哪條「魚」修成了正果？

我特別喜歡一句話：「如果哪一天，你不愛我了就真誠點告訴我，我一定支持你追求的幸福。」有些人分手總是搞得雙方極盡狼狽，其實大可不必，有些時候你高估了自己，也低估了對方。不喜歡了，就直接告訴對方，這比你不回訊息、不接電話的冷處理方式要善良一百倍。

拒絕曖昧是成年人的通行法則

大學時認識一個非常漂亮的女孩，追她的男生數不勝數，各種奇招妙招輪番上演。但是我發現她從來不跟他們搞曖昧，遇到男生表白都是當場拒絕，男生送的禮物也從來不收。不加通訊軟體好友、不收禮物是她一直以來的作風，不喜歡就明確表示拒絕，不耽誤對方也不消耗自己。

我們一開始以為她是沒有戀愛的打算才會如此決絕，但後來突然有一天她宣布戀愛了，對象是一個非常帥氣、優秀的學長。我們紛紛表示震驚，這次怎麼接受了對方的表白？後來我們才知道，他倆在一次大班課上一見鍾情，下課後就直球表白，飛速確認關係。沒有曖昧，沒有欲拒還迎，沒有欲擒故縱，就是這樣直接而簡單，只是這樣簡單而直接。

有人會說，有時候不拒絕對方是怕傷害對方的自尊心。摸摸良心，這些話你自己相信嗎？你只是在現階段沒有遇到更好的，所以才會心安理得地享受著對方的好意，卻又在積極尋找著下一個目標，這總讓我想起某人的那句

經典：「賤不賤哪？」

　　對不喜歡的愛慕者最大的尊重，就是明確地告訴對方你的意思，這才是真正的善良，這才是真正的格局。

　　成年人的愛情最動人的地方就是成熟、理智。明確的拒絕可能會傷害對方一次，但是持續的曖昧卻會傷害對方千百次。哪怕你已經讓對方多次感受到不喜歡，也多次暗示不會在一起，但就是不明確提出拒絕，依然讓對方覺得自己還有機會，然後繼續追逐你。我只能說，這種做法太可恥！

　　做一個善良的成年人，從做一個尊重感情的人開始。

　　真誠的感情最為珍貴，不應隨意踐踏。尊重這份感情，也是尊重對方和自己。

　　不要「習慣性曖昧」，釐清自己的喜歡和選擇，對確定不會有發展可能的人直接說「NO」，可能當時對方會傷心難過，但是相信我，以後對方一定會覺得自己當初沒有喜歡錯人。

58

我會用絕對的理智壓制這場要命的喜歡

我不稀罕你的抱歉，也不稀罕你的虧欠，我渴求的不過是
一份對等的關係，你我之間，無須討好，互不虧欠。

能說出口的「喜歡」都值得慶幸

身邊的一位朋友一直喜歡一個女生，卻始終不敢表達
自己的愛意，我問他：「既然喜歡了這麼久，為什麼不告訴
她？」

他說：「是啊，為什麼呢？我喜歡她很久了，只是我第
一次見到她的時候我就知道，我們之間沒可能，雖然現在
還是普通朋友的關係，不過我已經很滿足了。」

暗戀一個人就像是一個心底不能說的祕密，明明近在
眼前，卻沒辦法真正站在對方身邊。有些話終究不敢說出

口，怕說出口之後就是盡頭。

暗戀有時候很折磨人，但有時候卻是很美妙的東西。《一代宗師》裡有那麼一段台詞：「我在最好的時候遇到你，是我的運氣。想想說人生無悔，都是賭氣的話，人生若真無悔，那該多無趣啊。葉先生，說句真心話，我心裡有過你。我把這話告訴你也沒什麼，喜歡人不犯法，可我也只能到喜歡為止了。葉先生，世間所有的相遇，都是久別重逢。」你看，世上多少無疾而終的愛情，都源於一場無人知曉的暗戀？

我見過很多愛而不得的人，在感情裡把自己折磨得很痛苦，即使知道沒結果，但就是放不下。張愛玲在《小團圓》裡有一段話：「雨聲潺潺，像住在溪邊，寧願天天下雨，以為你是因為下雨不來。」這場無望的暗戀，其實你心裡明鏡似的，卻又總是一遍遍地自我欺騙。

我們這一生中，總會有那麼幾次心動，不是每次心動都能說出口，也不是每次心動都能有人陪。所以能大大方方說出「我喜歡你」的愛情都值得慶幸，因為這世上有太多的愛情總因為這樣或那樣的理由無疾而終。感情本是兩個人的兩情相悅，一廂情願從來都只能自我感動。

因感性受的傷只能由理性買單

「戀愛腦」在當今社會已經變成讓人鄙視的貶義詞了，我覺得一旦被冠以這個稱呼，那恭喜你順利榮升「傻白甜」。我們鄙夷這樣的行為，卻又在某一刻不可自拔地成為其中一員。

最羨慕學生時代能放手去愛，那個時候對著自己喜歡的人那些看似不經意的暗示、不刻意的打鬧，身邊人每一次的揶揄和起哄，每一次提及對方名字時的悸動，還有當時不明白為什麼沒有說出口的「喜歡」，匯成人生最美的時光。

後來的我們在經歷了一些感情後，吃過虧，渡過劫，遭過難，才更加懂得這段似是而非的感情究竟有多美好珍貴。可惜那時的我們最終只說了再見，從此山高路遠。

現在回首再看，當初的喜歡也許早被歲月的風沙消磨殆盡，但當時那種甜蜜心動的感覺卻永不褪色。我不後悔曾經喜歡過你，但也有些慶幸自己理智地選擇了放手。

人是矛盾的綜合體，擁有理性思維，也有感性行為。感性用來發洩，理性用來克制。大多數時候，感性的傷只能理性來買單。

　　女孩子的愛情大多數都是以感性的衝動開始，最後以理性的克制結束的。女孩子真的很容易被感性拉扯，然後為愛不顧一切地赴湯蹈火，最後愛得遍體鱗傷體無完膚後再學會成長。

　　所以為了保護自己不受傷害，女孩們一定要學會在一段明知「不能」的感情中，用絕對的理智和清醒去壓制不該有的感情。希望你下次心動，能碰到真正的愛情。

59

傷害沒有讓我變得更完美，
但讓我變得更完整

我們要感謝那些曾經傷害過我們的人，因為他們，縱然我們沒有變成更完美的人，但我們變成了更完整的人。

🌢

　　一首歌詞中說：「越長大越孤單，越長大越不安，也不得不打開保護你的降落傘，也突然間明白未來的路不平坦，難道說這改變是必然。」走出校園象牙塔，吃過社會的苦，吃過人性的虧，大多會變得越來越謹慎和「自私」。許多人覺得這是一個自我成長、成熟的過程，算是一件好事。我也覺得這不是一件壞事，但是你也會發現，人確實越活越清醒了，但並沒有越活越快樂。

　　每個人都有趨利避害的本能，就像你為了避免在一段感情中受傷，索性不再開始新的戀情。這其實有些因噎廢食了，你是否還記得，曾經讓你難以釋懷的感情，都在不

經意間讓你更加了解、貼近真實的自己，豐富了你的人生閱歷，讓你的人生變得更完整。

青春時期總愛抄寫一些名言佳句，將那些先哲們總結的道理經驗抄寫在筆記本上，就好像能將它們融入生命中，從此少走很多彎路。但是後來才發現，哪怕抄過這麼多名言佳句，聽過那麼多人生大道理，該走的彎路一點也沒少走。

讀過那麼多偉人對於愛情的描寫和感悟，真正輪到自己的時候，還是不撞南牆不回頭。後來終於明白，只有真正經歷了春心萌動、甜蜜戀愛、傷痛分手，才算真正知道了愛情的滋味，才從此變成「曲中人」。

我很喜歡辛棄疾的一首詞：「少年不識愁滋味，愛上層樓。愛上層樓，為賦新詞強說愁。而今識盡愁滋味，欲說還休。欲說還休，卻道天涼好個秋。」短短數句寫盡了人生哀愁，讓人明白無閱歷不成文。

少年時候的我們喜歡字裡行間愁情滿溢的文字，學著無病呻吟；如今真正體驗過悲歡愛恨，認識許多人，經歷

許多事，才發現曾經的自己是多麼淺薄與單純。但也正是因為經歷了這些，如今的我們或許沒有比當初更完美，但我確信我們的人生變得更完整了。

人生本來，苦惱很多，原生家庭的缺失，成長中的孤獨，愛情中的挫折，工作上的失意，等等，也許會讓你在當時難堪難過，但時間真的是人生良藥，多年後你再想起那些人生世故、坎坷情路，都如浮雲，而且正是因為這些，你在後面的人生中才變得更強大，更無懈可擊，也更懂得怎麼愛惜自己。

人生不只需要長度，更需要厚度。那些「坎」不過是你增長閱歷的一種方式和途徑罷了，正因為這些經歷，我們才成為更好的人，才擁有了更完整的人生。

如果你正在經歷人生低谷，那麼允許自己躲在被子裡哭那麼一小會兒。哭完以後，爬起來洗把臉，然後為自己煮碗麵，吃飽以後趕緊繼續趕路。雖然我不知道你的人生會通向何方，但我願今後你能所行皆坦途，一路生花。

後記

　　我是抖音情感博主沈一只，本書寫下了我的一些情感心得。作為「95後」一代，我覺得當代年輕人的情感價值觀與前輩大有不同，所以我希望能夠用我僅有的一點能量來幫助、安慰、療癒那些喜歡我、支持我的人，這讓我看到了自己存在的價值。

　　我真心地希望每一個缺愛的人、自卑的人、迷茫的人、陷入人生低谷的人，會因為看到我的影片和文字而得到一些人生啟迪或感悟。你一定要明白，人生很長，但能夠真正清醒地活著的時間很短。你值得更好的人生，值得擁有所有你曾羨慕而渴望的一切。

　　這是一場雙向的奔赴，遇到你們，我很歡喜。

高寶書版集團

gobooks.com.tw

高寶文學 088

希望下一次哭，是因為太幸福

作　　者　沈一只
責任編輯　林子鈺
封面設計　黃馨儀
內頁排版　賴姵均
企　　劃　鍾惠鈞

發 行 人　朱凱蕾
出　　版　英屬維京群島商高寶 國際有限公司台灣分公司
　　　　　Global Group Holdings, Ltd.
地　　址　台北市內湖區洲子街 88 號 3 樓
網　　址　gobooks.com.tw
電　　話　(02) 27992788
電　　郵　readers@gobooks.com.tw（讀者服務部）
傳　　真　出版部 (02) 27990909　行銷部 (02) 27993088
郵政劃撥　19394552
戶　　名　英屬維京群島商高寶國際有限公司台灣分公司
發　　行　英屬維京群島商高寶國際有限公司台灣分公司
法律顧問　永然聯合法律事務所
初版日期　2024 年 6 月

本著作為北京長江新世紀文化傳媒有限公司授權出版

國家圖書館出版品預行編目（CIP）資料

希望下一次哭，是因為太幸福 / 沈一只著 . -- 初版 .
-- 臺北市：英屬維京群島商高寶國際有限公司臺灣
分公司 , 2024.06
　　面；　公分 . --（高寶文學：088）

ISBN　978-626-402-000-8（平裝）

1.CST: 兩性關係　2.CST: 戀愛心理學

544.37　　　　　　　　　　　　　113007566